Alessandro Nacinelli

Basta studiare

...impara

Guida (quasi) ragionata sui metodi di studio dalle elementari all'università

2013 mnemonia.net di Alessandro Nacinelli
I edizione febbraio 2013

ISBN 978-8890226991
Volume stampato tramite
Amazon company

www.mnemonia.net

Basta studiare...impara

a mio figlio Giordano:
dal giorno che nascesti è
sempre primavera

Introduzione

Ciò che è stato scritto senza passione,
verrà letto senza piacere.
(Samuel Johnson)

Scrissi una prima versione di questo libro, descrivendo tutto ciò che serve per migliorare la qualità dello studio ma … mancava qualcosa, mancava la passione, era freddo!

Nonostante io amassi il mio lavoro, non lo stavo facendo con sufficiente passione!

Nel 1985 iniziai ad interessarmi di tecniche di memoria e lettura veloce approfondendo in seguito altri metodi di studio, come le mappe, le parole chiave, gli appunti e altro ancora ma, in tutti i miei corsi ho sempre evitato come la peste la monotonia e la noia ma c'ero caduto!

Forse è stata la vocina dentro di me, che non mi ha fatto mandare in stampa il libro e per questo ho potuto rimediare all'errore permettendo a tutte quelle persone che mi conoscevano e che negli anni hanno scaricato i miei corsi on line, di scaricare questa nuova versione che, pur trattando le stesse cose, trasmette senza dubbio maggior passione, quantomeno perché, per farlo, non mi sono limitato a trascrivere ciò che ho applicato con i miei studenti e (da qualche tempo) con mio figlio ed i suoi studi ma anche ciò che accadeva quando scoprivano che non era poi così difficile da studiare.

Ho diviso i capitoli nei vari gradi di istruzione perché se sei alle prime armi con i metodi è bene iniziare come farebbe un giovane studente, ma se già conosci qualcosa puoi saltare direttamente al tuo livello ... ma qualche pagina in più, da leggere non ti farà perdere troppo tempo.

In pratica, se vuoi studiare sviluppando una mappa, non inizierai da "matematica 2", allo stesso modo, per tutti i vari metodi descritti nel libro, partiremo dalle basi e man mano che si crescerà e aumenteranno le necessità, approfondiremo i vari metodi.

Chiunque tu sia: studente, insegnante o genitore, iniziare dalla base, dalle "elementari" e supera i vari gradi, in questo caso gli esami saranno solo pagine da sfogliare.

Buon lavoro
Alessandro Nacinelli

Le elementari

Immaginate di svegliarvi un giorno in una terra popolata quasi interamente da giganti. Dapprima sareste senza dubbio terrorizzati: tutto quel rumore e la sgradevole sensazione di impotenza che accompagna ogni vostra caduta rimarrebbero con voi per tutta la vita. Dopo un po' di tempo, tuttavia, molti di quei giganti comincerebbero a sembrarvi buoni e vi rendereste conto che uno di loro, in particolare, dimostra un certo interesse per la vostra sicurezza e benessere.

Immaginate poi che un giorno, apparentemente senza motivo, il gigante di cui avete imparato ad avere una fiducia assoluta cominci a gridarvi contro, a minacciarvi, addirittura a colpirvi. Come potreste mai sentirvi ancora sicuri in una terra popolata da tali esseri? Ci devono pur essere delle leggi in questa terra, o delle regole da imparare per poter sopravvivere...

Un giorno incontrate altri esseri piccoli come voi; sembrano uguali a voi e, in loro compagnia, vi sentite subito più sicuri. Alcuni sostengono di conoscere le leggi di quella terra e ve le spiegano. Mettendo insieme le conoscenze che avete acquisito dall'osservazione dei giganti e ascoltando i loro insegnamenti provenienti da quelle voci rimbombanti simili a quelle di un dio, cominciate a capire che cosa dovere fare o non fare per non correre pericoli.

Fai quello che ti vien chiesto. E' più facile andare avanti se obbedisci. Non piangere. Non alzare le mani. Studia. Trovati un lavoro. fai quello che ti viene chiesto. Sposati. Fai dei figli che ti sostengano in vecchiaia. Fai quello che ti viene chiesto.

La lista si fa più lunga mano a mano che il vostro corpo, un tempo minuscolo, si fa più grande (accresciuto, senza dubbio, dal cibo speciale prodotto nella terra dei giganti) finché, un bel giorno, improvvisamente, vi rendete conto, che di giganti non ce ne sono più.

Poi, un giorno, vi svegliate e vedete un esserino minuscolo che alza lo sguardo verso di voi; si è svegliato in una terra di giganti. E, poiché lo amate, cominciate ad insegnargli tutto quello che avete imparato su come sopravvivere in questa terra.

E così, il ciclo continua ...

(di Paul McKenna)

COMINCIA LA SCUOLA

Anche se la velocità del tempo è relativa a quanto siamo occupati, onestamente, la velocità con cui crescono i figli è decisamente fuori misura!

Da quando nacque, gli anni sono volati ed è già in terza elementare.

I primi giorni di scuola, come ogni anno, sono dedicati all'organizzazione, a cosa accadrà durante l'anno e qualche nuovo avviso. Uno di questi me lo comunicò con aria seria e preoccupata:

...la maestra ha detto che quest'anno sarà molto difficile, perché avremo molte cose da studiare!

Bene! Forse è il primo vero anno dove iniziano a studiare e già li intimoriscono nella speranza di ottenere attenzione. Ma non era finita! L'arrivo di una nuova insegnante, "molto brava", "una delle migliori" a detta della dirigente scolastica, esigeva un cambio di rotta per far capire chi comandasse in classe e per ottenere la loro attenzione la cosa migliore era dargli delle semplici punizioni, come: farli rimanere in piedi, in silenzio, senza muoversi, su una mattonella, mentre contavano, mentalmente, fino a 300!

La maestra, riferì in seguito, che questa punizione piaceva molto ai bambini!

Come tutti i bambini, anche quelli di terza elementare, hanno voglia di giocare e divertirsi. Sono spensierati, le cose per loro sono interessanti o noiose, piacciono oppure no. Riuscire a tenerli fermi è sempre un problema.

Anche farli mangiare seduti e composti è difficile se sanno che al termine del pasto potranno giocare. Quella sedia sembra scottare sotto di loro, mangiare è quasi una perdita di tempo, quindi finito ciò che avevano nel piatto, fremono per alzarsi. Dopo tutte le ore passate in classe in silenzio per fare attenzione a ciò che dicono le maestre, quelle sedie diventano scomodissime, sopratutto per dei bambini di 8-9 anni che iniziano ad inventarsi i più fantasiosi metodi di seduta, con relative e frequenti cadute di sedie, in questo caso diventa indispensabile insegnargli a stare tranquilli ed il modo migliore è... una punizione, tipo fargli saltare la ricreazione!

La scuola di mio figlio è una specie di parco scuola, quindi appena usciti dal fabbricato hanno a disposizione giardini, alberi e giochi vari per sfogarsi. SFOGARSI!

I bambini sono identici agli adulti sotto questo aspetto (anche se è più corretto il contrario). In molte aziende all'avanguardia, si trovano delle zone relax, dove i dipendenti possono giocare tra loro, ricaricarsi allontanando lo stress accumulato per essere sempre produttivi eppure, troppo spesso le difficoltà dei bambini vengono viste come stupidaggini. Si, possono essere tali, ma solo per noi che le abbiamo già risolte. Il nostro compito, quello degli adulti, è di incoraggiarli nel ricercare una soluzione che, per quanto banale possa sembrare, non sarà mai scontata.

Sul muro di un pediatra, un piccolo cartello diceva:

I bambini imparano ciò che vivono...

- Se un bambino vive nella critica impara a condannare.

- Se un bambino vive nell'ostilità impara ad aggredire.

- Se un bambino vive nell'ironia impara ad essere timido.

- Se un bambino vive nella vergogna impara a sentirsi colpevole.

- ...Se un bambino vive nella tolleranza impara ad essere paziente.

- Se un bambino vive nell'incoraggiamento impara ad avere fiducia.

- Se un bambino vive nella lealtà impara la giustizia.

- Se un bambino vive nella disponibilità impara ad avere una fede.

- Se un bambino vive nell'approvazione impara ad accettarsi.

- Se un bambino vive nell'accettazione e nell'amicizia impara a trovare l'amore nel mondo.

- I bambini imparano ciò che vivono...^_^

● ● ●

I bambini hanno una carica maggiore degli adulti, è provato che se un atleta olimpico facesse tutto quello che fa un bambino tra i 7 e i 9 anni, non arriverebbe alla sera. In 10 minuti i bambini recuperano energie per le quali ad un atleta sarebbero richieste ore. La ricreazione diventa quindi una necessità. Se anche avessero commesso degli errori così gravi da essere puniti, non facendoli sfogare si rischierebbe di innervosirli ancora di più, innescando un circolo vizioso di ulteriori punizioni, rendendo la classe "difficile" e poco collaborativa!

Se proprio non li si vuole far giocare per conto loro è meglio guidarli, gestendo qualche tipo di gioco che richieda un impegno fisico, ma controllato, come una corsa, ruba bandiera o simili.

● ● ●

Purtroppo, ciò che ho descritto della classe di mio figlio non è raro ma uno dei tanti modi per: "insegnare ai bambini a crescere!"

Non bisogna credere che un buon sistema di educazione e d'istruzione significhi solo avere delle scuole elementari dove s'insegna il leggere e lo scrivere, dei licei dove s'insegna il greco e il latino, delle università dove s'insegnano le professioni. Una nazione civile è quella che ha scuole le quali nutrono, istruiscono, fortificano l'intelligenza individuale, moltiplicano l'intelligenza nazionale, formano il carattere, danno la disciplina morale e civile, migliorando tutto l'uomo.

(Pasquale Villari)

Non metto in dubbio che di bravi insegnanti ce ne siano moltissimi ma una cosa è insegnare ed un'altra è mostrare agli studenti cosa c'è sui libri che devono studiare!

Gia a questo punto qualche insegnante sarà inorridito, affermando che il problema degli studenti sono i genitori e che, poiché a loro è stato insegnato così allora deve essere giusto ma... è davvero così? Se sei un insegnante, perché lo fai? Perché hai scelto di esserlo? Gli insegnanti hanno delle responsabilità enormi nei confronti dei ragazzi che studiano con loro. Anche quando avranno cambiato scuola, se gli insegnanti avranno fatto bene il loro lavoro, insegnando ai ragazzi a superare gli ostacoli, le difficoltà, gli studenti riusciranno a districarsi più facilmente per ottenere dei risultati e quei sogni ad occhi aperti fatti da bambini! Quindi è dovere di ogni insegnante essere sempre aggiornato su cosa e come comportarsi con i nuovi giovani che crescono con convinzioni diverse da quelle dei nostri nonni eppure la scuola è cambiata poco da allora! I nuovi metodi di insegnamento e di studio, sono ad esclusivo uso di quei pochi insegnanti che si preparano da soli e di quei genitori che hanno studiato per se stessi o per aiutare i propri figli.

Non mi risulta che sindacati o ministero dell'educazione abbiano mai consigliato agli insegnanti di studiare ed insegnare agli studenti COME studiare!

Negli ultimi 10 anni sono stati scritti il 95% dei libri sulla comunicazione, sull'educazione e sui metodi di studio ma i lettori sono quasi esclusivamente i professionisti che li utilizzano per sviluppare qualche nuovo corso di formazione eppure, la scuola continua ad avere le sue solite basi stantie e vecchie di anni!

Questo è il problema da risolvere e da qui possiamo iniziare a costruire le basi che probabilmente sono valide per la maggioranza di lettori ... forse anche tu stai leggendo queste righe per migliorare qualcosa nei tuoi studi!

LE NOVITÀ ... GIÀ NOTE

Non c'è nulla di "difficile"
c'è molto di: "nuovo"!

Appena capito come andavano le cose in classe di mio figlio, iniziai a studiare con lui ma prima di tutto dovevo rompere il giudizio che se ne era fatto:

- La scuola è noiosa ed anche i compiti lo sono. Inoltre studio dal lunedì al venerdì, per 8 ore al giorno. Il sabato e la domenica voglio divertirmi! -

E' chiaro che di tempo per divertirsi ne hanno molto e i compiti non sono tantissimi ma, stranamente, si allungano! Per studiare tre pagine si corre il rischio di passarci un pomeriggio! Continuando a parafrasare il teorema di Einstein, più si annoiano e più il tempo non passa mai!

L'unico modo per instaurare una base di partenza erano le cose che conosceva, i vari cartoni animati, film e documentari. Oggi i cartoni animati vengono sceneggiati con basi motivazionali, con senso civico, artistico e quanto altro possa essere utile per creare delle utili associazioni con ciò che studieranno a scuola.

Favoloso, perché non sfruttarlo?

Un giorno, mentre scrivevo un appunto sulle funzioni delle amigdale (una parte del cervello che gestisce le emozioni), mio figlio mi stupì raccontandomi che, tramite uno dei suoi cartoni animati preferiti, aveva imparato che quell'organo era necessario per le emozioni e l'eventuale asportazione ci avrebbe reso apatici ed insensibili agli stimoli! ... Un cartone animato? A 9 anni?

Alla sua età io avevo Silvestro che cercava di mangiare Titti o tentava invano di prendere Speedy Gonzales. Oppure Willy il cojote che tentava di catturare Bip Bip! Loro hanno: "I fantagenitori", "Phineas e Ferb", i "Little Einstein" che insegnano arte, geografia, musica, capacità deduttive, inventiva. Molti altri cartoni animati, ragionando da adulti li riteniamo vere ... idiozie!. Ma non posso negare che in tutti, gli autori cercano di insegnare delle cose che prima o poi i nostri ragazzi troveranno a scuola o durante la loro vita. Quindi impariamo ad ascoltarli e, se possibile, conoscendo i loro gusti potremmo condividerli per instaurare un rapporto più forte e saremo in grado di associare alcune informazioni studiate a scuola con quanto da loro visto in TV.

Utilizzando alcune delle loro conoscenze, gli diamo fiducia, li spingiamo a fare attenzione a ciò che li circonda ed ogni volta che gli sarà possibile, saranno loro stessi a creare delle associazioni, a fare dei paragoni. Poco importa se siano calzanti o meno, avranno comunque creato un'associazione, un collegamento semplice da recuperare mnemonicamente ed una possibile soluzione ad un problema. Se però decretiamo come stupidaggini i loro interessi, smetteranno di parlarne, evitando di mostrare quelle associazioni, fino a farle diventare superflue, smettendo di crearle.

Anche se non sempre lo ammettono, la voce dei genitori è vangelo! Possono ribellarsi ma mentre lo fanno sono consci del fatto che stanno facendo qualcosa di sbagliato …. Per il solo fatto che lo abbiamo detto noi Se li obblighiamo ad andare a scuola quando non vogliono "perché la scuola serve!" potranno discutere, non accettare ma per evitare di andarci non gli rimarrà altro che ... grandi mal di pancia, febbroni incredibili spuntati dal nulla, il tutto perché non hanno un motivo valido, da pari a pari!

Nel mio caso, è capitato molto raramente che mio figlio mi chiedesse di non andare a scuola e, in tutti i casi, ho preso in considerazione il motivo per cui non voleva andarci, anche il semplice "non mi va!" a patto che mi spiegasse il motivo.

Diventando adulti ci viene richiesto di lavorare per obiettivi, in questo modo riusciamo a gestire i tempi, sappiamo da dove partire e dove arrivare ma.. come mai non tutti sanno farlo?

In quale scuola all'inizio dell'anno viene spiegato il programma? Se son piccoli è superfluo? Abbiamo appurato che tramite i loro cartoni animati imparano facilmente delle informazioni che scopriranno più avanti nel tempo, magari dopo molti anni. Chiediamo loro di assumersi delle responsabilità ma non hanno il diritto di sapere quale sarà il loro percorso, guardando oltre lo squillo della campanella?

Chiaramente non deve essere spiegato come faremmo con un adulto, che ha già diverse conoscenze ed esperienze ma ad un bambino che vuole tutto e subito, quindi è necessario attirare la sua attenzione con cose interessanti o ben presto si distrarrà.

Se questo non viene fatto dagli insegnanti, sarà compito dei genitori, i quali, conoscendo gli interessi dei figli, potranno associare quel programma di studio agli obiettivi dei figli e, nel caso delle scuole primarie, qualsiasi obiettivo è utilizzabile poiché ciò che si apprestano a studiare è la base di qualsiasi sogno desiderino realizzare nel loro futuro ... anche se il loro sogno non è ancora ben chiaro.

Studiando materie come la storia, la geografia, scienze e matematica entreranno in un mondo fatto di geni, stregoni, esploratori e condottieri! Come può un mondo del genere non affascinare, facendoli rimanere in attesa di scoprire l'eroe del momento?

Sviluppate il programma di lavoro con i vostri allievi e/o figli e durante l'anno, nelle sessioni di studio, ricorderanno quanto venne descritto durante lo sviluppo, creando delle utili associazioni mnemoniche.

E se, invece di dire che la terza elementare sarebbe stata difficile avessero detto:

Tutti voi bevete l'acqua del rubinetto, ma da dove arriva? Sapete che quasi tutte le nostre città sono costruite vicino ai fiumi ed ai mari? No, non preoccupatevi, dal rubinetto non esce l'acqua del Tevere o del Po' o dell'Arno o saremmo diventati tutti verdi! Ma c'è un motivo ben preciso per cui viviamo vicino ai fiumi, nasce dalla preistoria ed è proseguito nel futuro, fino ad oggi. Lo vedremo nella geografia, così come, con le scienze, studieremo i vari animali e il loro modo di vivere che si adatta perfettamente al luogo dove abitano …. Mi fermo, perché è un libro sui metodi di studio e non sul programma di studio delle elementari!

Elencare le cose da fare, parlare del programma di studio, in modo divertente, coinvolgente, come a volte fanno i loro libri di scuola, è un sistema semplice per dire: *quanto e cosa*, dovranno fare durante l'anno ed anche un buon inizio per responsabilizzarli sui propri impegni.

INIZIAMMO A STUDIARE

Anche sviluppando insieme il programma, non possiamo aspettarci una continua e massima attenzione. Avranno in ogni caso voglia di giocare, divertirsi e difficilmente riusciremmo a convincerli che quella determinata materia è utilissima e facilissima da studiare. A loro interessa altro! Se sono a scuola, tutti insieme riescono a studiare e con la ripetizione apprendono le informazioni che gli vengono insegnate, ma arrivati a casa, se hanno dei compiti da fare, soprattutto se sono i primi anni "di compiti" è meglio dargli una mano cercando di attirare il loro interesse, la loro curiosità, giocando con le informazioni associandole a ciò che conoscono e solo quando sarà stata conquistata la loro attenzione, approfondire il lavoro.

Anche se tento di creare una mappa mnemonica per elencare i poteri e le evoluzioni dei suoi pokemon, dopo pochi minuti mi dirà che l'ha già vista su una rivista e sarebbe meglio se andassimo a comprarla!

I nostri ragazzi, quei ragazzi che vediamo andare a scuola tutti i giorni, hanno un loro modo di pensare ed agire e non hanno le nostre conoscenze, possiamo vedere le somiglianze tra genitori e figli, ma questo non vuol dire che sappiano fare quello che fanno i padri o che pensino come loro! Se lo fanno è per imitarli, perché li amano e ritengono che comportandosi allo stesso modo li renderanno orgogliosi di loro ma, quando si tratta di studiare ... preferiscono tornare dei pupi e, almeno il mio, quando lo costringo a studiare ed inizio spiegandogli qualcosa ... sembra il cagnolino con il collo a molla che si vedevano dietro le auto! Mi guarda mimando curiosità, per farmi credere che mi stia ascoltando, sforzandosi di muovere la testa con gesti affermativi, come per dire: "si ti ascolto è molto interessante".

Se gli chiedo di fare un riassunto .... Si ferma alle prime due parole!

Sigh!

Se però gli fornisco un piccolo aiuto, qualche informazione, tutto gli torna in mente ed inizia a ricordare. In qualche caso si ferma, quando ha qualche incertezza, ma con un altro aiutino riparte spedito e *... se quell'aiutino lo mettessimo nero su bianco?* tipo un appunto, una serie di parole utili per non perdere il filo del discorso?

Ricordo che il primo appunto che sviluppammo era grande come un post-it, e sembrava realmente uno di quei foglietti da tenere nascosti durante le interrogazioni, era invece una vera e propria mappa mnemonica, con una decina di voci su come si erano divisi i continenti miliardi di anni fa.

Eravamo d'accordo che non l'avrebbe mostrata a nessuno, era il nostro segreto e l'unico patto era che la leggesse per ripassare prima che iniziasse la lezione di storia. Così fece ed il risultato fu strabiliante. Non tanto per il voto in se, ma per le parole che gli fluivano spontaneamente! Il voto che ricevette non era ancora il massimo ma si era sentito sicuro di quanto diceva e questo era importante, lo faceva sentire bene, cosa che lo invogliò a svilupparne una migliore e più completa per la lezione successiva.

Lo scopo era principalmente avere degli appunti ordinati, visualizzabili con un semplice colpo d'occhio. Avevamo iniziato con uno scarabocchio ed ora potevamo creare qualcosa di più comprensibile sfruttando la preistoria!

Utilizzammo un programma che installammo sull'ipad: "iThoughts" ne esistono anche altri, sia gratuiti che a pagamento, quindi consiglio di provarne diversi fino a trovare quello che più si adatta al vostro modo di vedere una mappa ma, anche farla a mano non sarebbe una cattiva idea. Disegnando insieme ai nostri piccoli allievi una mappa, con figure colorate per indicare i vari passaggi, sarà ancora più facile ricordare tutte le parole chiave e le loro posizioni, perché un'immagine, anche se non perfetta, vale più di molte parole scritte

(alla fine del capitolo troverai un elenco di programmi utili)

Il punto centrale era quello che avrebbe chiesto la maestra, quindi un semplice: "parlami della preistoria". La prima risposta poteva essere che "non esistevano fonti scritte" quindi da cosa e da chi venivano le conoscenze "sull'evoluzione" dell'uomo ed a quel punto i vari stadi evolutivi con le loro caratteristiche e datazioni. Affacciandosi su una delle ere "il paleolitico" sviluppammo un ramo e lo collegammo alla relativa era.

Semplice e veloce!

Per essere certo che avesse compreso, gli feci delle domande di controllo, senza un ordine preciso e lui rispondeva velocemente sapendo esattamente cosa guardare e riusciva a collegare con facilità tutte le altre informazioni. La mappa cominciava ad essere leggermente più grande e dovemmo stamparla su un foglio A4, quello per le stampanti. Lo inserimmo tra le pagine del suo libro, facendomi promettere che l'avrebbe ripassata appena possibile, prima della lezione e non durante. Cercando di evitare l'effetto: "*appunti nascosti*".

Quando lo andai a prendere a scuola era raggiante. Anche stavolta aveva risposto senza sforzarsi minimamente. Sentendolo descrivere come era andata, dava l'impressione di aver parlato di pokemon e non della preistoria! Ma c'era un problema. La maestra per interrogarlo ebbe bisogno del libro ed utilizzando il suo notò il foglio con la mappa! Beccato!

All'inizio dell'anno scolastico, ci fu un tentativo delle maestre di usare le mappe ma non era ben riuscito, quella che aveva tra le mani però, sembrava perfetta e sentendo come la utilizzava ne fu entusiasta anche lei e per questo chiese di poter avere l'originale per fornirla a tutti i compagni di classe!

Mio figlio gongolava! Aveva qualcosa che nessuno possedeva. Sapeva usarla e … no, non sapeva svilupparla ma a questo avrebbe posto rimedio.

Per quanto mi riguardava, non ero d'accordo nel fornirla a tutti i suoi compagni, per un motivo prettamente educativo, farla trovare già pronta, senza creare insieme i vari collegamenti, associazioni, sarebbe stato come ricevere una copia del compito in classe e, senza neanche studiarla, attaccarla sul quaderno, bella e pronta da presentare, mentre svilupparla tutti insieme aumentava enormemente il ricordo e l'associazione con le cose da studiare successivamente.

Fino a quel giorno, sapevo che i compiti per casa gli venivano dati il venerdì, alla fine della settimana scolastica. Non mi ero mai posto il dubbio su eventuali compiti infrasettimanali, ma la sera, con la fretta che contraddistingue i desideri dei più piccoli, mi disse che dovevamo velocemente ampliare la mappa aggiungendo altre voci, perché la maestra gli aveva dato altre pagine da studiare! Ripeto, non sapevo che i compiti li riceveva anche durante la settimana, quindi il primo pensiero fu che, avendo fatto un bel lavoro, l'insegnante desiderasse ampliare velocemente la mappa e non che la piccola peste mi avesse tenuta nascosta questa informazione … fino a questo momento!

Di contro, i compiti erano diventati una fonte di gioco, divertenti, impegnativi, ma non più che superare un livello di gioco con la xBox o la wii!

Ampliammo ancora un po la mappa, aggiungendo anche le informazioni scritte a mano sul piccolo foglietto iniziale. Un veloce ripasso ed anche questo lavoro era finito.

La settimana successiva c'era un "ponte" quindi più vacanze, quindi più compiti. Non sapeva se essere preoccupato o meno, le pagine da studiare erano tante. Se tutti in classe si lamentano che è difficile studiare allora sarà così! Se a questo aggiungiamo ciò che disse l'insegnante: "quest'anno sarà difficile", la sicurezza può vacillare di fronte ad un numero di pagine da studiare superiore alla media!

Decidemmo di organizzare lo studio come all'università, dividendo i compiti in base ai giorni disponibili, che nel nostro caso erano i 9 giorni di vacanza. Tra questi c'era un sabato ed una domenica, più altri due giorni festivi, quindi rimanevano 5 giorni. Con un paio di ore al giorno avremmo potuto completare tutti i compiti senza problemi.

Per essere certi di non rimandare il lavoro, decidemmo di utilizzare "la tecnica del pomodoro", dal tipo di timer utilizzato, a forma di pomodoro (La tecnica è stata sviluppata da Francesco Cirillo ed approfondita più avanti).

In pratica, ogni volta che dovevamo studiare, avremmo dovuto   far partire il timer, facendolo squillare dopo 25 minuti, al termine dei quali sarebbero seguiti 5 minuti di pausa.

Decidemmo di fare 2 pomodori al mattino e 2 al pomeriggio e nel caso avessimo avuto da fare durante la giornata, avremmo unito i "pomodori", facendoli tutti e 4 insieme, la mattina o il pomeriggio a seconda dei casi, ma …. stiamo parlando di un adulto giocherellone e di un bambino di 9 anni, quindi smettemmo di utilizzare questa tecnica al secondo pomodoro, anche perché, le ore di lavoro necessarie, erano poche e avendo deciso di impegnarci per bene, riuscimmo a finire i compiti in un paio di giorni … nonostante il problema *colorato* nel quale incappammo.

EVIDENZIA COSÌ RICORDI TUTTO!

Da qualche tempo, a scuola, avevano iniziato ad utilizzare gli evidenziatori per le cose importanti presenti sul libro. Evidenziatori, viola, gialli, rossi e arancioni, sembrava che, per essere certi di non perdere nulla .... evidenziassero tutto!

Pagine libro elementare sottolineato in classe

Era come leggere sotto le luci colorate di una discoteca! E non smettevano fino a quando non consumavano del tutto il colore. A poco serviva il nascondere quegli attrezzi infernali che qualche compagno di classe era subito pronto ad aiutarlo prestandogliene uno.

Era assolutamente impossibile riuscire a mostrargli le parole chiave da utilizzare per la mappa, identificandole e sottolineandole singolarmente!

Perché si evidenzia tutto? Qual'è lo scopo? Si ha l'impressione di ricordare di più? Forse colorando tutto è più facile aprire il libro e trovare quella cosa che non ricordavamo? .. Forse!

Non sono totalmente contro l'utilizzo degli evidenziatori, ma del loro uso eccessivo, senza criterio alcuno, che ne rende inutile lo scopo principale.

Se venisse evidenziata una singola parola o frase, in una pagina pulita, le cose sarebbero molto diverse. Le parole evidenziate salterebbero subito agli occhi ma così perché, evidenziando tutto torna ad essere il testo completo che si aveva alla prima apertura del libro, solo più colorato e consumato! Cosa cambia oltre al colore se il testo viene evidenziato con un pennarello o una macchia di sugo? Evidenziare tutto è solo un inutile modo per convincersi che quella determinata pagina è stata studiata, quindi la si ricorda! Davvero la si ricorda?

Il nostro cervello è una macchina perfetta, con milioni di anni di rodaggio e non è colorando il testo che si simulano le immagini. Unico vero carburante per la memoria!

Adulti e bambini per ricordare perfettamente, devono associare le informazioni a qualcosa che conoscono, che è già presente nella memoria sotto forma di immagini ed emozioni. Nel nostro caso, ci limitammo ad utilizzare le immagini del libro e la fantasia che possiede ogni bambino. Leggevamo un paragrafo e lo sintetizzavamo in una parola, collegandolo nella mappa fino alla sorpresa. Arrivati alle ultime due pagine, scoprimmo che erano pulite! Nessuna traccia di evidenziatore!

Era un'occasione irripetibile, quindi feci prendere a mio figlio una matita blu ed una rossa con le quali avrebbe dovuto sottolineare le cose importanti.

Per individuare le cose importanti, gli ricordai quando, dovendo raccontarmi qualcosa che gli era accaduto, per evitare di fare confusione, gli dicevo di tenere sempre presente l'argomento principale, il motivo per cui voleva raccontarmi quella determinata cosa. Nel nostro caso l'argomento principale era la vita in un villaggio della preistoria, la divisione dei compiti e perché venivano divisi. Perché il villaggio si trovava in un determinato punto, come e perché si trovava in quel punto.

Partendo dalla scena generale si passa ad approfondire con i particolari. La scena può essere indicata dal titolo e gli argomenti da sottolineare saranno solo alcuni particolari.

Il lavoro si concluse velocemente.

Tutto ciò che rimaneva da fare era testare le parole chiave sottolineate. Ci accorgemmo di averne evidenziate troppe ma, almeno per ora non era importante. Era la prima volta che studiava in questo modo e un minimo di insicurezza era assolutamente normale, essendo solo alle elementari non erano poi tante ... *il problema potrebbe essere il tuo! Se sei un universitario e non hai mai usato questi metodi, ma troveremo il modo di risolverli più avanti.*

La prima mappa la sviluppammo con il programma iThoughts, che avevamo sull'iPad ma decidemmo di ampliarla sul PC e dopo averla importata utilizzammo un altro utile programma scaricato dalla rete: "xMind". Con questo collegammo le nuove parole chiave ai rami già presenti. In questo modo, mentre le trascrivevamo, inevitabilmente ripassavamo tutto, ricreando mentalmente tutto ciò che avevamo letto.

In qualche caso creammo nuovi rami, in qualche altro collegavamo voci distanti tratteggiando delle linee tra le due parole.

Ne uscì una mappa enorme, grande quanto un foglio A3. Volendo avremmo potuto ridurla ma ... vuoi mettere l'orgoglio di aver fatto una cosa così grande?

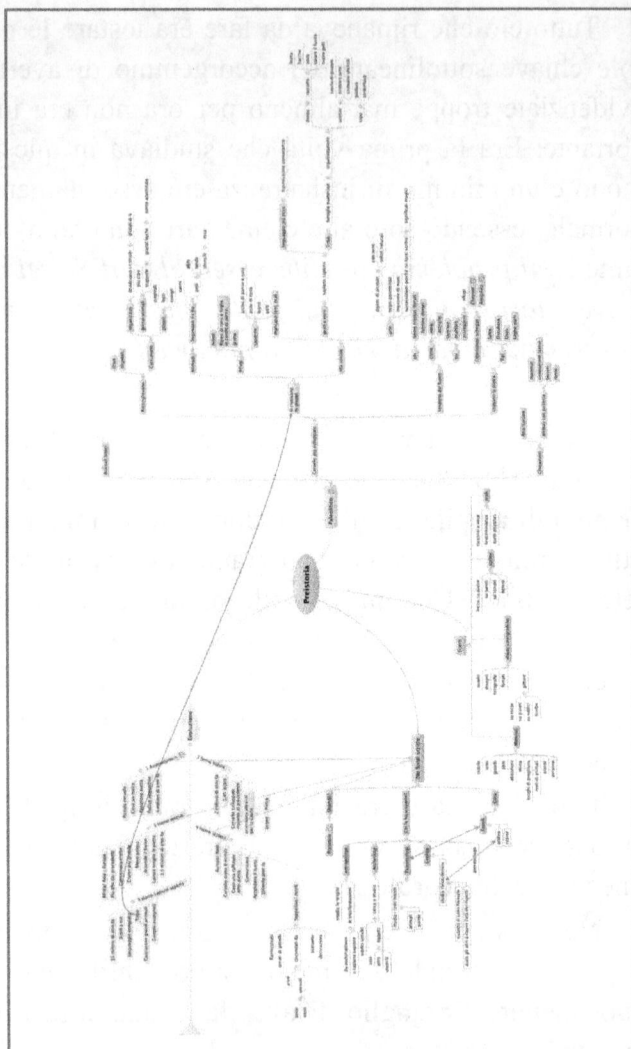

mappa preistoria III elementare

(l'originale è disponibile su www.mnemonia.net)

La sera vedemmo un film sulla preistoria e commentammo le varie scene con quanto avevamo studiato, ricordava tutto perfettamente, tanto che a scuola non ebbe bisogno di utilizzare la mappa, le parole gli fluivano velocemente!

Ripeto parliamo della terza elementare e le informazioni sono molto semplici per noi, per loro sono nuove, mai sentite prima e anche se film come Jurassic Park li aiutano a riconoscere degli animali preistorici, ricordare con precisione le ere storiche e le loro particolarità è tutta un'altra cosa.

Ciò che mancava a questo punto era solo di sviluppare una mappa da solo.

Dirgli di farla da solo già dal primo giorno sarebbe stato eccessivo, per questo preferii attendere che ne sentisse il desiderio, in questo modo la sua attenzione alle istruzioni fu massima.

Approfittammo del fatto che la grande mappa era rimasta a scuola sviluppandone una nuova a mano e, partendo dal centro, inserì una prima parola, relativa a ciò che doveva studiare, ovvero la struttura dei villaggi del paleozoico, più semplicemente " villaggio", il resto lo avrebbe ricordato facilmente poiché era l'argomento principale, la materia.

Continuammo aggiungendo le informazioni che riteneva più importanti, mentre io mi limitavo a ricordargli che la sua memoria funzionava e poiché conosceva l'argomento, con poche ma precise informazioni avrebbe ricordato tutto molto facilmente.

Alla fine aveva sviluppato da solo la sua prima mappa. Non era particolarmente felice della grafica, ma questo gli diede il successivo obiettivo, migliorare la scrittura!

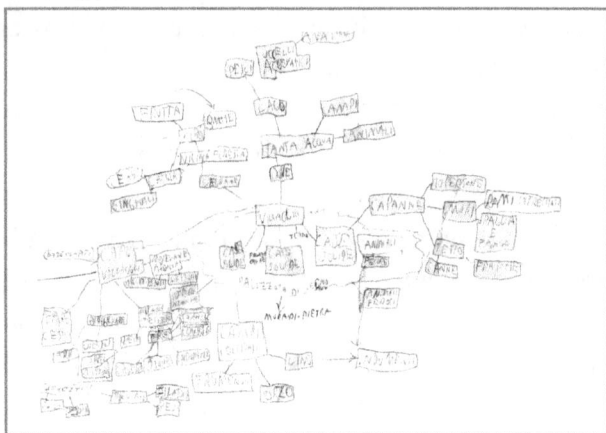

prima mappa creata a mano

Le mappe, per ciò che servono ai ragazzi delle elementari, possono essere semplici esattamente come i loro libri.

Immagina tuo figlio o un tuo allievo mentre lo interroghi, se non ricorda qualcosa e gli dai un indizio, sarà in grado di proseguire con il racconto ed è ciò che deve fare una semplice mappa, fornire una serie di suggerimenti messi in ordine di importanza e collegati tra loro.

Durante quei giorni, studiammo anche geografia, creando anche per questa materia una mappa e ... i vari paesaggi si univano spesso alle strutture, alle necessità dell'uomo preistorico.

"... Le falde divisero i vari continenti che si popolarono seguendo gli animali ed i climi più miti"

Sviluppare la capacità associativa consente di collegare le informazioni ed associarle più facilmente, inoltre, apre la strada ad una mentalità deduttiva, cosa che tutti hanno ma non sempre la utilizzano per lo studio, perché troppo spesso, studiando controvoglia non si fa caso che, le informazioni ottenute, ad esempio a pagina 20 di un libro, si collegano facilmente a quelle studiate 3 mesi dopo a pagina 130 dello stesso libro!

Il lavoro che facemmo gli permetteva di avere in mente ciò che aveva studiato mesi prima con quanto stava facendo ora. Si accorse che il libro si ripeteva spesso per aggiungere informazioni a cose studiate mesi prima e questo rendeva il suo lavoro estremamente semplice, inoltre, in diversi casi, riusciva a collegare la storia con le scienze o la geografia.

Ciò che avevamo sviluppato, gli consentiva di leggere e comprendere senza nessuna difficoltà.

Mio figlio è un bambino come tanti altri e quando la maestra da loro i compiti non sono particolarmente felici e sperano che l'elenco sia breve. Arrivati a casa non vorrebbero mai iniziare a farli e per i genitori serve spesso una cospicua opera di convincimento ... a volte qualche sgridata!

Dopo aver lavorato, studiato con loro, seguendo i corretti metodi, giocando e lavorando nel contempo, capita di sentirsi dire: *"però è divertente, vero papà?"* a quel punto la gioia è immensa ma anche quella sensazione di .... *mi hai sfinito perché non volevi farli ed ora mi dici che ti è piaciuto. Grrr!*

In qualità di adulti, sappiamo che studiare è utile e necessario ed anche loro si accorgeranno che facendo bene le cose ora, tra 10 anni non avranno problemi....!

Siamo seri, provate a dire ai vostri figli che tra 10 anni gli comprerete quel giocattolo che tanto desiderano! Tutto e subito! 10 anni sono un'eternità!

Anche tra gli adulti, sono pochissimi coloro che si programmano a 10 anni, per quale assurdo motivo dovremmo dare per scontato che i nostri figli accettino di buon grado una scuola definita "difficile" dalle stesse maestre!

La soluzione è semplice, gli studenti non sono pentoloni nei quali gettare tutte le informazioni contenute nei libri, ma spugne, che assorbono tutte le informazioni collegate ai loro interessi.

Ciò che dovrebbe fare un insegnante o un genitore (o entrambi), è capire quali siano i maggiori interessi dei ragazzi. Facendo domande sulle cose che gli piacciono, sarà abbastanza semplice ascoltare risposte precise, anche se in qualche caso, male articolate, l'importante è lasciarli descrivere senza denigrare i loro interessi altrimenti smetteranno di raccontarli. A nessuno piace essere preso in giro, soprattutto sulle proprie passioni! Conoscerle ci permette di trovare più facilmente dei collegamenti, delle associazioni creative e fantasiose con le materie che si stanno studiando.

La cosa migliore che può fare un insegnante è scriverle e tenerle sempre aggiornate. Un utile effetto secondario sarà quello di "*sentire*" i ragazzi più vicini e, ti assicuro, che è molto più facile insegnare a coloro che *sentono* che gli vogliamo bene.

Un altro ottimo sistema è far parlare gli allievi direttamente alla classe, magari iniziando dai loro interessi, dalle cose che li appassionano. Inizialmente, in qualche caso, potrebbe prevalere la timidezza, nel qual caso potrebbero iniziare rivolgendosi guardando solo l'insegnante e quando avranno preso il via, farli voltare, magari spostandosi dalla propria cattedra, sedendosi vicino agli altri alunni, in questo modo, seguendo l'insegnante ci si rivolgerà a tutti.

Imparare a rivolgersi ad un'aula è una delle migliori lezione di comunicazione che un bambino possa apprendere per combattere la timidezza ... molti adulti seguono corsi di formazione per parlare in pubblico, quando sarebbe così semplice iniziando da piccoli!

Si potrebbe aver paura di ottenere una classe di chiacchieroni, ma tutti impareranno che esiste un momento per parlare ed uno per ascoltare. Non è forse quello che accade anche da grandi?

Una volta scoperti gli interessi dei ragazzi, gli insegnanti potrebbero invitare in classe i professionisti e i ricercatori del settore permettendo a tutti di approfondire e creare ulteriori legami. Se a questo aggiungessimo che hanno imparato a parlare davanti a tutti senza vergognarsi, si otterrebbe un favoloso concerto di domande ed è esaltante sentirsele fare, perché quando qualcosa interessa ad un bambino, ogni domanda non può essere lasciata inevasa e sentirsene fare tante è gratificante per chiunque.

Ogni risposta sarà ricordata perché posta con interesse e raramente sentirete rispondere un esperto con uno striminzito "perché si!", cosa che spesso accade con genitori ed insegnanti per via dei vari impegni! Per quanto possa essere difficile ed impegnativo, evitate sempre di rispondere in questo modo, tenete presente che quando siete voi a fare una domanda a loro, non vi accontentate di quel tipo di risposta e se lo fate voi, smetteranno di farvi domande perché già sanno che non li aiuterete!

Tutto ciò può essere utilizzato per i nostri ragazzi alle elementari e riassumendo potremmo dire:

Gli insegnanti aggiornino un foglio con le passioni e gli interessi dei loro studenti.

Iniziando da coloro che hanno degli interessi particolari, invitarli a parlarne di fronte a tutta la classe, semmai aiutandoli per rompere le barriere della timidezza, anche con domande precise.

Partendo da un discorso, un racconto, cercare tutti insieme le parole chiave, i concetti più importanti, questo aiuterà a trovare le parole chiave sul libro, evitando di colorarlo con gli evidenziatori,

Sviluppare, in classe o a casa, delle mappe mentali per ogni materia e, tutte le volte che se ne presenta l'occasione, collegare le varie materie.

Tutte le domande devono essere attive, mai accontentarsi di un semplice " Si!" o "No!". Ma facciamo lo stesso con loro, rispondiamo sempre per esteso … senza essere logorroici

In linea di massima sproniamoli sempre ad ampliare le loro passioni, facendogli conoscere i professionisti del settore, facendogli leggere libri o documentari.

Aiutando i propri figli è indispensabile spronarli ad associare le informazioni che stanno studiando con i loro interessi, che siano provenienti da cartoni animati o da libri per ragazzi. In quest'ultimo caso è bene fargli notare che quasi tutti i personaggi dei cartoni sono nati dai libri per ragazzi, direttamente o indirettamente.

Come vedi sono poche e semplici regole, ma sono le basi per un percorso che durerà molti anni e lungo la strada, con queste poche nozioni saranno aperti a conoscere ed approfondire nuove informazioni e non impauriti dalla quantità o dalle eventuali difficoltà iniziali.

PREPARIAMO IL LAVORO

La prova del lavoro ben fatto la ottenni all'inizio dell'anno successivo. Poiché passano gli anni ma il metodo di insegnamento sembra sempre lo stesso, nessuna delle insegnanti spiegò cosa avrebbero fatto durante l'anno scolastico, limitandosi a dire che avrebbero studiato alcune civiltà! Quindi decidemmo di prendere il libro e sviluppare una mappa con una semplice struttura, alla quale avremmo aggiunto le informazioni che avrebbe studiato durante l'anno.

Storia

sommario di storia del libro di IV elementare

Potevamo iniziare dal sommario, ma il libro pieno di immagini sarebbe stato più semplice da ricordare, quindi , sfogliadolo velocemente, scoprimmo che avremmo approfondito ciò che è stato scoperto dagli storici "... *ma lo abbiamo fatto l'anno scorso*

papà!". Gli era tornata in mente la mappa sviluppata l'anno precedente e con quel ricordo aggiungemmo subito le ere studiate ed inserimmo le nuove
informazioni, prese dal libro che avevamo davanti.
Le epoche in cui apparvero alcune civiltà e fino a
quando durarono, quali vennero conquistate e quali
continuano fino ad oggi.

Il primo capitolo riportava: "Le civiltà dei fiumi"
ed insieme ricordammo che l'anno precedente, avevamo studiato che, gli uomini preistorici, divennero
stanziali vicino ai fiumi per l'acqua dolce e i campi
fertili, quindi era normale che le civiltà si sviluppas-
sero in quei luoghi.

Iniziammo scrivendo i fiumi che accoglievano i
vari popoli, dal Tigri e l'Eufrate con i Sumeri i Babi-
lonesi, gli Hittiti e gli Assiri. Poi passammo al Nilo
con gli Egizi che conosceva per i tanti film e cartoni
animati che aveva visto. Passammo all'Indo e al
Gange con l'India, proseguendo con il fiume Azzur-
ro e i Giallo con la Cina.

Per ognuna di queste civiltà sviluppammo dei
rami che trovavamo nei vari paragrafi, senza mai
approfondire ma inevitabilmente creavamo le basi
per associare il futuro lavoro. Le religioni delle varie
civiltà, quali erano belliche e quali miti. quali erano
le particolarità che saltavano agli occhi per ognuna
di quelle?

Proseguimmo con il Mediterraneo e i motivo
della sua importanza, dato dal fatto di essere un

"mare chiuso" grazie al quale si sviluppò il commercio marittimo con Fenici, Creta e Micene (avremmo approfondito più avanti).

Tutto il lavoro, tutto l'anno scolastico di storia si sviluppava su appena 70 pagine e finimmo in poco più di un'ora, che passò velocemente tanto che solo alla fine si accorse di aver parlato tanto!

Aggiungemmo le informazioni relative alle pagine che gli erano state assegnate come compiti e filò tutto liscio senza nessuna difficoltà.

Ad oggi continua ad aggiungere informazioni sulla mappa, avvisandomi quando la devo modificare sul programma.

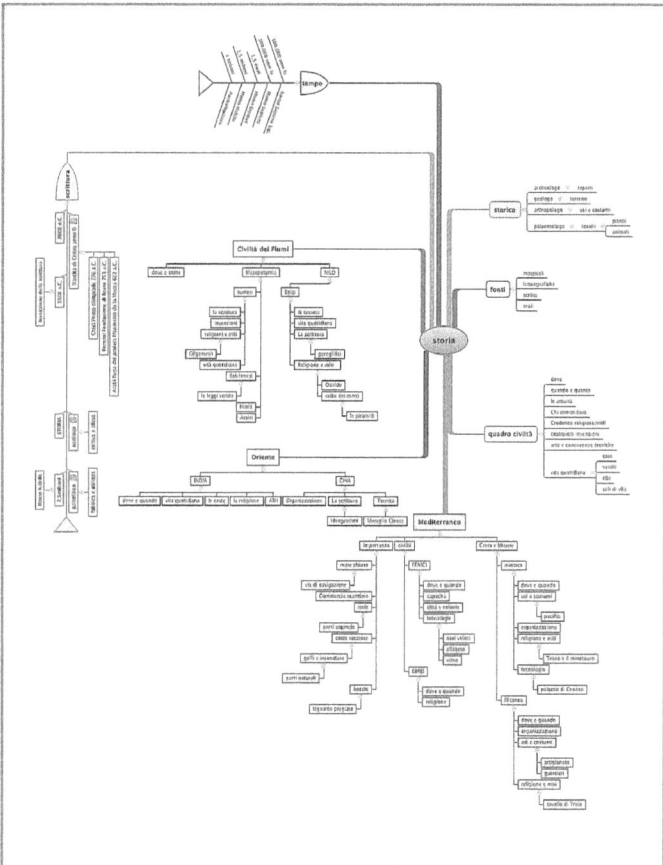

mappa programma di storia di IV elementare
(l'originale è disponibile su www.mnemonia.net)

Per errore la portò a scuola, forte del fatto che una delle maestre di ruolo mi chiese di andare in classe ad "*insegnare a ripassare*" con le mappe (non *a svilupparle?*). Una delle supplenti, vedendola, decretò che era sbagliata senza dare maggiori informazioni!

Ha importanza? Se anche la mappa fosse sbagliata, il correggerla rafforzerebbe il ricordo attivando la capacità cognitiva del bambino. cercherà di capire dove, come e perché!

Cercammo insieme l'errore e ne trovammo uno, ma non sono sicuro che fosse quello che intendeva la maestra!

Le medie

*Benvenuti ragazzi, ora che inizia-
te le medie siete più grandi ed anche ciò che studierete sarà più difficile!*

... cominciamo bene!

Un'insegnante che partecipò ad un mio corso, mi
disse che il suo interesse era dovuto al fatto che,
molti dei ragazzi che iniziavano le medie, nonostante iniziassero con interesse, lo perdevano man mano
che salivano di classe. Mi spiegò che nonostante
cercasse di stimolarli, alcuni di loro, non riuscendo
ad ottenere i risultati sperati si comportavano sempre
peggio. In qualche caso disturbavano attirando l'attenzione degli altri compagni di classe, cercando di

farsi vedere "forti". In questo modo insegnare risultava estremamente difficile!

Mi venne in mente una storia:

Intorno al 1930 una bambina di buona famiglia aveva seri problema con la scuola, non riusciva a concentrarsi per più di pochi minuti. Oggi direbbero che ha l'ADHD (Attention-Deficit/Hyperactivity Disorder - sindrome da deficit di attenzione) ma all'epoca non lo avevano ancora scoperto, quindi la portarono da un luminare dell'epoca che si informò dai suoi insegnanti, dai genitori ed infine disse alla bambina che avendo già parlato con tutte le persone che avevano a che fare con lei, ora era il suo turno ma per il momento l'avrebbe lasciata sola nella stanza per qualche minuto (con l'intenzione di innervosirla ancora di più) ed accendendo la radio, uscì dalla stanza con i genitori. Una volta fuori della stanza si rivolse alla madre e gli disse: "sua figlia non è malata, è una ballerina. La osservi nella stanza!"

*La bambina venne iscritta al Royal Ballet
School, una scuola di "bambini difficili"
come lei, dove si diplomò a pieni voti. Negli anni fondo una compagnia di ballo,
conobbe Andrew Lloyd Webber per il quale coreografò il celebre musical "Cats" ed
il più longevo musical di Broadway "Il
fantasma dell'opera". Oggi quella
ragazzina difficile è tra i dirigenti ed insegnanti del Royal Accademy of Dance di
Londra.*

*Oggi, forse, gli avrebbero somministrato qualche
farmaco e detto di calmarsi!*

Pur non volendo entrare nel lato psicologico dei
ragazzi delle medie, è innegabile che questa fase sia
per loro la transizione tra lo stato di bambini e quella
di "giovani ragazzi". Durante questi anni , iniziano a
scoprire un mondo nuovo, che spesso viene condiviso solo tra amici. questo mondo li assorbe così tanto
da mettere l'interesse per lo studio in ultima posizione.

In questi anni si continuano a creare le fonda-
menta per il futuro studentesco e limitarsi a dirgli:
studia da pag. X a pag. Y, serve a ben poco! Potrà
essere utilizzabile durante le medie, dove gli insegnanti sono, in molti casi, attenti e premurosi, ma

sarà un disastro, finite le medie e peggio ancora, per coloro che volessero iscriversi all'università.

Più avanti spiegherò dettagliatamente il motivo per cui la semplice ripetizione ha molte carenze ma, se anche fosse utile ... quante volte hai riletto i tuoi libri di studio del liceo? e dell'università?

Forse è meglio cercare un metodo che non preveda la ri-lettura!

IMPARA AD ASCOLTARE

Quante volte ci è capitato di apprezzare un amico/a o una persona appena conosciuta con la quale ci siamo aperti ed abbiamo iniziato a parlare liberamente? La stessa cosa può essere fatta in classe con le materie di studio e non solo.

Come per le elementari, anche per le medie, conoscere gli interessi dei propri studenti, e scriverli su
un quaderno per condividerli con gli altri insegnanti
è un enorme passo avanti nell'affiatamento tra insegnante e studente. Non si deve temere per la privacy,
per il semplice fatto che senza quegli appunti gli insegnanti parlerebbero solo dei peggiori, delle cose
che disturbano che a ben vedere sono poche rispetto
a quelle normali o ben fatte. Ma il problema del
"brutto" è che fa più rumore del normale e del "bello". Vedere solo le cose negative fa correre il rischio
di notare come pessimo un ragazzo che ha un problema da risolvere, mentre fino a poco tempo prima
andava benissimo. Farsi un'idea sbagliata è un attimo ed il continuo turn-over di insegnanti e supplenti
non aiuta!

> *... attento a Rossi, oggi è più agitato
> del solito, ha già fatto scena muta
> con me e credo che non abbia studia-
> to nulla neanche della tua materia.
> Se lo interroghi organizzati che poi,
> come al solito farà il suo show per
> far ridere tutti.*

Conoscere e capire come si evolve la vita degli studenti permette di aiutarli, fornendogli informazioni precise per i loro interessi, inoltre, parlando con loro, possiamo ascoltare i loro punti di vista sulle materie che si stanno studiando e questo li porterà ad un inevitabile coinvolgimento.

DEDUZIONE

"..elementare Watson!"

Sherlock Holmes

Durante la lettura di un romanzo o la visione di un film ci si immedesima spesso nei protagonisti e questo permette di *convivere* le scene, anche se nella realtà è solo immaginazione, ma tanto basta per permetterci di poter giudicare e prevedere cosa potrebbe accadere nella successiva scena.

In pratica, quando conosciamo qualcosa, siamo in grado di dedurre i possibili esiti e nel farlo rafforziamo la nostra capacità intellettiva, poiché sfruttiamo la creatività e la razionalità (quindi entrambi gli emisferi cerebrali), rafforzando il ricordo, sia nel caso avessimo avuto ragione, che nel caso di torto, il che ci porterebbe a cercare una soluzione o più realisticamente a non ripeterlo!

Tutto ciò che serve è una semplice domanda:

• *cosa accadde secondo te?*

oppure:

• *se avesse fatto* questo *invece che* quest'altro, *cosa sarebbe potuto accadere?*

Nel descrivere il nostro punto di visto, ciò che deduciamo, incontreremo dei punti chiave, che possono facilmente essere utilizzati per sviluppare delle mappe mentali.

Puoi fare questo esercizio anche autonomamente, chiudendo gli occhi e pensando a ...

cosa sarebbe successo se:
Fosse fallito l'attentato di Sarajevo
nel quale morì l'arciduca Francesco

*Ferdinando, erede al trono di Austria
e Ungheria fatto che diede inizio alla
prima guerra mondiale?*

Non è sempre indispensabile conoscere tutti i fatti mentre si deduce, l'importante è che l'insegnante verifichi senza giudicare e quando serve dare le direzioni che prese la storia o "le" storie associate, per muovere da eventuali impasse poiché, commettendo degli errori, gli eventi smettono di coincidere ed è tornando indietro che ci si corregge, rafforza il ricordo e migliora la comprensione. Non è difficile, è sufficiente chiedere e divertirsi!

Oltre alla deduzione, un utile esercizio, che porterebbe comunque all'approfondimento dei fatti realmente accaduto è il "*e se?*". Ovvero, cercare altre possibili conclusioni a fatti storici.

Per esempio: L'ascesa di Napoleone iniziò con la campagna d'Italia, che doveva essere un semplice diversivo, quindi era previsto il fallimento, per poi vincere con altri generali sui fronti austriaci. E se Napoleone avesse perso la campagna d'Italia?

Puoi continuare ad esercitarti con gli avvenimenti storici,per la deduzione e con gli "e se?", utilizzando wikipedia per ottenere le informazioni guida. Alcuni argomenti potrebbero essere:

1. Canale di Suez. Perché, prima e dopo e ... se non fosse stato creato?

2. L'impero romano viene diviso tra occidente ed oriente, perché? E se non fosse stato diviso?

3. Crisi tra Usa e Cuba (missili Cuba)

4. Alleanza Italia Germania. Perché? cosa portò? e se non si fosse alleata?

5. Morte Mussolini. Se fosse stato processato?

6. Tentativi lampadina. Si dice che abbia tentato tantissime volte e gli viene attribuita la frase: "non ho fallito, ho solo trovato 10.000 metodi che non hanno funzionato!".. e se fosse riuscito alla prima?

7. Garibaldi ha unito l'Italia ma ... e se non fosse riuscito?

Ampliando le capacità deduttive, vengono inoltre sviluppate le capacità associative, che negli anni saranno sempre più utili e per questi possono aiutare nella memorizzazione delle lingue straniere, dei suoi vocaboli.

LINGUE STRANIERE

Tutti conosciamo moltissime parole straniere, alcune delle quali, sono entrate nel nostro vocabolario, tanto da farci dimenticare il corrispondente in italiano: directory, file, night club, dessert, soubrette, limousine. Il metodo di memorizzazione è lo stesso utilizzato dai bambini, che per imparare la loro lingua madre, ascoltando i più grandi, siano essi genitori o conoscenti, giocano con le parole, associandole all'immagine.

Un bambino, dicendo: *bau bau* definisce chiaramente l'animale che ha in mente. Capita spesso che, insegnandogli la parola cane, per rendere tutto più semplice se ne identifichi uno in particolare, come Rex, Lassie o più semplicemente il proprio cane di casa e quando durante un discorso capitasse di citarlo, l'affermazione sarebbe: *è un cane, come Rex o Lassie.* Per molto tempo, grazie a questa associazione sarà possibile vedere mentalmente quale animale è stato associato alla parola "cane", fino a quando l'associazione perde di importanza e rimane la parola ad indicare la categoria.

Il procedimento con le lingue è quasi lo stesso del "bau bau" la pronuncia deve creare un'immagine che, nella nostra lingua, identifichi la pronuncia associandola alla parola da ricordare. Per esempio: le farfalle in Spagna si posano sui fiori? Assolutamente no, si posano sul mare …. Mariposa.

Mariposa è infatti la traduzione di "farfalla" in spagnolo.

Ed ancora

Immagina di camminare per i vicoli di un paesino vicino Milano, vedi una scala a pioli, di quelle di legno appoggiata ad una finestra e subito dopo senti urlare: " boia, un ladder" vedi scendere di corsa un ladro dalla scala … scala a pioli in inglese si dice: ladder.

Utilizzando questo sistema con una decina di nuovi vocaboli al giorno, con qualsiasi lingua tu scelga, non ti farà diventare un madrelingua, ma con 600 vocaboli in due mesi , non avrai difficoltà a migliorarla con i verbi e la sintassi corretta.

Dire: dove essere treno? è sicuramente meglio che perderlo!

Il procedimento è semplice, parti dalla parola, semmai storpiandola e crea una breve storiella. Al termine rivedi la storia pronunciando per bene la parola che devi memorizzare ed il gioco è fatto.

Vediamo qualche esempio:

Abete = Fir [fɜ:*] Immagina di addobbare il tuo albero di Natale, il classico <u>abete</u>, con tanti <u>ferri</u> (Fir) di cavallo.

Alba = Dawn [daʊn] Al sorgere del sole, all'<u>alba</u>, la chiesa di fianco inizia a suonare le campane con si classico suono: <u>daun, daun</u>... <u>dawn</u>!

Anello = Ring [rɪŋ] Due pugili combattono su un <u>ring</u> rotondo e con le corde d'oro, inoltre, sotto i guantoni hanno tutti i loro <u>anelli</u> perché non hanno voluto separarsene ... magari anche con i tacchi a spillo al posto delle normali scarpe!

Bambinaia = Nanny ['nænɪ] Una <u>bambinaia</u> tiene in braccio un vecchio decrepito, al quale canta la ninna <u>nanna</u>.

Berretto = Cap [kæp] L'ultima modo in fatto di scritte sui <u>berretti</u> è ... cucire il proprio codice di avviamento postale, il <u>CAP</u>

Bistecca = Steak [steɪk] Sei mai andato nel retro del ristorante dopo aver ordinato una <u>bistecca</u>? Se deciderai di farlo, scoprirai che per renderla più morbida il cuoco la bastona con la <u>steac</u> (steack) da biliardo.

Calvo = Bald [bɔ:ld] Chi se non il nostro attore Massimo <u>Boldi</u> (bald) può interpretare la nostra associazione?

Cuscino = Pillow ['pɪləʊ] Organizzati per bene quando andrai in paesi anglofoni, perché hanno tutti un'usanza particolare, usano i cuscini come dispense per le loro pillole (pillow). Dormendo su un loro <u>cu-</u>

<u>scino</u>, ti sveglierai con il volto pieno di segni rotondi per le <u>pillow</u> che si trovano dentro!

Forza = **Strenght** [streŋθ] Per allenare la sua incredibile <u>forza</u>, il muscolosissimo Ercole si esercita quotidianamente tirando le grandi <u>strengh</u> delle sue scarpe.

Furioso = **Livid** ['lɪvɪd] Se vuoi cavalcare un cavallo <u>furioso</u> preparati perché otterrai tanti dolorosissimi <u>livid</u> (livid)

Gengiva = **Gum** [gʌm] Se vuoi che le tue <u>gengive</u> siano sane e perfette devi masticare chili e chili di chewing <u>GUM</u>.

Ghiotto = **Greedy** ['gri:d] Mentre passeggi in strada, senti da lontano delle <u>grida</u> fortissime. Ti avvicini e le grida si fanno sempre più intense. Infine arrivi di fronte ad una pasticceria e vedi, legato ad un lampione, un bambino grasso ma tanto, tanto grasso. Questo è troppo per quel povero bimbo <u>ghiotto</u> di dolci che lancia delle <u>greedi</u> strazianti.

Inverno = **Winter** ['wɪntə*] Qualsiasi squadra giochi contro l'inter viene freddata sul campo. Qualunque sia la stagione, per gli avversari del <u>winter</u> sarà <u>inverno</u>.

Palcoscenico = **Stage** [steɪdʒ] Durante uno spettacolo teatrale, uno spettatore, imbestialito dalla cattiva recitazione degli attori, sale sul <u>palcoscenico</u> e compie una <u>stage</u>.

Panchina = **Bench** [bentʃ] Su di una <u>panchina</u>, un vecchietto suona allegramente il <u>banjo</u>.

Pecora = **Sheep** [ʃiːp] Strane <u>pecore</u> circolano oggi, sono tutte specializzate i <u>scippi</u>!

Sciarpa = **Scarf** [scɑːf] Un vecchio <u>scafo</u> di una nave viene trainato da un rimorchiatore con una lunga <u>sciarpa</u>.

Qualche parola in tedesco

• **Der Rauch** = **Il fumo** Ho la voce <u>rauca</u> per il troppo <u>fumo</u>.

• **Seite** = **Pagina** Hai notato che le <u>pagine</u> di questo libro sono di <u>seta</u>?

• **Ankommen** = **Arrivare** La moglie con l'amante (o il marito se preferisci) vengono scoperti dal consorte tornato a casa con largo anticipo ed i fedifraghi scoperti chiedono: "Ma (<u>an)come(n</u>), <u>arrivare</u> così presto?

Ancora qualche esempio

• **Matàr** = **Aereoporto** (arabo) Nei paesi arabi, i <u>matti</u> li tengono sulle piste degli <u>aeroporti</u>!

• **Sarràf** = **Cambiavalute** (arabo) Questo <u>cambiavalute</u> <u>s'arraffa</u> tutto!

Senza troppo impegno, potresti memorizzare 10 nuove parole al giorno ed in soli tre mesi avresti un vocabolario, di tutto rispetto.

In questi anni, le date, le formule e altre cose per cui serve molta memoria iniziano a dar noia a qualche studente, ma la soluzione è alquanto semplice e divertente.

LA CONVERSIONE FONETICA DEI NUMERI

I numeri non sono presenti in natura, essendo stati inventati dall'uomo con lo scopo di quantificare gli oggetti in proprio possesso, e per questo motivo, sono difficili da visualizzare.

Se ti chiedessi di immaginare 3 elefanti, non dovresti avere particolari problemi e con un minimo di impegno, anche il visualizzare i 3 elefanti più 5 cavalli, se però aggiungessimo anche 4 muli le cose si farebbero più complicate, ma non impossibili.

Adesso cerca di immaginare il numero 5821, appena fatto, aggiungi il numero 785 e poi il 35... si è molto difficile. Se i numeri che ti ho indicato fossero dei codici, pur dovendoli ricordare, lo faresti ma senza utilizzare la memoria visiva, che corrisponde circa all'80% delle informazioni memorizzate! Per questo motivo, intorno al 1600 un un matematico ed astronomo francese, Pierre Hérigone, sviluppò per la prima volta un sistema che, convertendo i numeri in lettere e sillabe, consentiva di "visualizzarli". In pratica creò una specie di alfabeto ma di certo non si sentiva la necessità di studiare una nuova lingua solo per ricordare dei numeri! Stanislaus Mink von

Wennsshein, anni dopo, rese più semplice l'utilizzo di questa tecnica, utilizzando nella conversione solo le consonanti. Questa semplificazione ne consentì l'utilizzo ad un noto filosofo e matematico tedesco: Gottfried Wilhelm von Leibniz che lo rese noto divulgandone il metodo.

Negli anni che seguirono, la tecnica venne perfezionata e migliorata fino ad arrivare agli inizi dell'800, quando uno studioso della memoria di nome Aimè Paris, apportò una serie di modifiche che ancora oggi utilizziamo.

Il sistema prevede che ad ogni numero dallo 0 al 9 venga associato un suono fonetico e con l'unione di più suoni fonetici si creino una o più parole, che saranno molto più semplici da visualizzare e quindi memorizzare.

COME FUNZIONA

Immagina di "recitare" il nostro alfabeto, la pronuncia sarà:

A, Bi, Ci, Di, E, eFFe, Gi, acca, I, eLLe, eMMe, eNNe, O, Pi, Cu, eRRe, eSSe, Ti, U, Vu, Zeta.

Da qualche anno, a molti studenti delle elementari l'alfabeto viene insegnato in modo diverso, pronunciando le lettere solo con il loro suono, quindi in modo corretto ed utile per la conversione fonetica: A, B, C, D, E …… in pratica solo la lettera, senza aggiunta delle vocali, in questo modo avremo tutto l'elenco dei suoni fonetici disponibili ma, per il nostro scopo, utilizzeremo solo quelli delle consonanti per convertire i numeri mentre quelli delle vocali li sceglieremo a caso, in base alla necessità per sviluppare delle parole che richiamino l'oggetto più semplice da visualizzare.

Può sembrarti difficile, ma sei solo alle prime righe. Qualche esempio e diventerà una delle tecniche di memoria più divertenti.

Alcuni suoni fonetici sono simili tra loro, come quelli dati dalle lettere: T e D. Entrambi sono suoni dentali quindi per non complicarci troppo la vita li utilizzeremo per lo stesso numero.

Faremo la stessa cosa anche con altre lettere, che producono suoni simili ma la cosa migliore è di vedere subito l'elenco dei numeri e relativi suoni associati con qualche esempio di immagine che se ne può ricavare.

NUMERI E SUONI FONETICI:

	Suono	Descrizione ed esempi	
1	Dentale	T o D	tè, Dio, atto, ateo
2	Nasale	N o Gn	neo, anno, gnu,
3	Mugolan-	M	amo, mio, Mao,
4	Vibrante	R	oro, re, rea, rio, ora
5	Liquido	L o Gl	ali, agli, li, egli
6	Palatale	C o G (dolce)	ciao, oggi, geo, gea
7	Gutturale	Ch, Gh, K o Q	occhi, acqua, equo,
8	Labioden-	F o V	ufo, via, uva, ovvio,
9	Labiale	P o B	boa, oboe, oppio,
0	Sibilante	S, Z, Sc	sci, zio, ozio, scia,

Per ogni numero avremo un suono fonetico con il quale sarà possibile, aggiungendo il suono delle vocali, sviluppare delle parole che permettano di *vedere* delle immagini.

Nello schema, gli esempi sono basati sul singolo suono, ma lo scopo di questa tecnica è di ricordare numeri di molte cifre e, l'unione di diversi suoni fonetici, ci consentirà di *vedere* facilmente un piatto di pastasciutta nel numero 90101!

Prima di tutto associamo i numeri ai suoni con un trucco mnemonico:

Conversione Numero: 1

Allungando la linea obliqua, il numero 1 assomiglierà ad una T e per assonanza, poiché il suono è simile assoceremmo anche la lettera D, ma solo perché hanno lo stesso suono fonetico.

Conversione Numero: 2

Ruotando il numero 2 di 90° diventa molto simile alla lettera N e come per il numero precedente assoceremo per assonanza anche il suono creato dalle lettere Gn.

Conversione Numero: 3

Come per il numero precedente, ruotando il numero 3 di 90° diventa la lettera M.

Conversione Numero: 4

Per il numero 4, utilizzeremo la fantasia. Immagina di vedere il numero 4 riflesso in uno specchio, ma in questo modo barcolla leggermente, quindi aggiungeremo una gamba e ...voilà eccolo diventare una bellissima R.

Conversione Numero: 5

Il numero 5, è semplicissimo, poiché al suo interno la lettera L è già presente. Tutto ciò che dovremo fare è tagliare il numero e ruotare la lettera per leggerla meglio.

Conversione Numero: 6

Il numero 6 sembra fatto di proposito per leggere una C o una G.
Sia che scriviamo il numero 6 o che scriviamo la lettera C o G, se non facciamo attenzione corriamo il rischio di confonderci!

Conversione Numero: 7

Unendo due numeri 7 per il vertice, avremmo la lettera K. Per assonanza avremmo il classico suono delle lettere Ch, Gh, Q e la C di oca, quindi le C "dure", differenti da quelle morbide di "ciao" del numero 6.

Conversione Numero: 8

Non è il logo di una nota famiglia di stiliste, ma pur sempre due F che unite tra loro formano un bel 8, in questo caso il suono fornito dalla lettera F è molto simile a quello fornito dalla lettera V.

Conversione Numero: 9

Il numero 9 è semplicissimo. E' sufficiente allungare la barra verticale e rifletterlo, prima orizzontalmente e poi verticalmente ed avremo una P ed una b.

Conversione Numero: 0

Ora dovrai studiare! Per associare allo 0 dei suoni fonetici, dovremo memorizzarli, ma anche in questo caso, con un po di tecniche di memoria il gioco diventa semplicissimo.

Segno Zero = Sc

Le lettere sibilanti S Z e SC saranno quelle utilizzate per lo 0!

APPROFONDIMENTI

In alcuni casi, durante i primi utilizzi della conversione fonetica, potresti avere qualche dubbio, vediamo allora come risolverli facilmente.

Le Doppie

Con immensa gioia dei bambini che sbagliano nello scrivere parole con le doppie, nella conversione fonetica non hanno alcuna importanza!

La parola "mamma" sarà quindi convertita nel numero 33, il primo 3 per il primo suono fonetico e 3 per il secondo il quale pur essendo prodotto da due lettere è pur sempre un singolo suono. Sicuramente più forte ma pur sempre singolo suono.

La parola "atto" sarà convertita nel numero 1 e non nel 11, nel qual caso si dovrebbe ripetere due suoni fonetici ben distinti, tipo DaTo, DaDo.

La parola "PaNNa". In questo caso, abbiamo il numero 9 per il primo suono fonetico, dato dalla lettera P e solo un 2 per il secondo suono fonetico, dato dalle doppie N. Se per errore usassimo due numeri 2 il suono fonetico del 922 darebbe un PaNiNo, ovvero tre suoni distinti dati dai tre diversi numeri.

La regola per le doppie quindi è che non devono essere valutate nella conversione fonetica ma viste come singolo suono rafforzato.

Differenza tra "C" dolce e la "C" dura ovvero: il 6 ed il 7.

Inevitabilmente i primi tempi si è portati a convertire i numeri pensando più alle lettere che al suono che producono, creando, a volte, della confusione tra le lettere che producono i suoni fonetici del 6 e del 7.

Prendiamo le parole Ciao e oCa.

Entrambe utilizzano la lettera C ma il suono prodotto nei due casi è nettamente diverso. Il primo è un suono dolce, il secondo invece assomiglia molto al suono prodotto dalla lettera K ed è con questa lettera che si possono fare le prove. Immagina di sostituire la lettera C di oCa con la lettera K, avrai oKa e come puoi notare il suono rimane identico quindi il numero corretto sarà il 7.

Se sostituissi la lettera C di Ciao, avresti Kiao! .... no in questo caso il suono sarebbe molto diverso, quindi il numero corretto è il 6.

Ogni volta che dobbiamo convertire foneticamente il numero 7, la cosa migliore da fare è quella di immaginare la lettera K perché tacco e takko, fico e fiko producono lo stesso suono e sono entrambi prodotti dal numero 7 mentre bacio e bakio, bici e biki sono suoni ben diversi tra loro. nei primi casi il 6 nei secondi sempre il suono duro del 7.

Ancora qualche esempio sostituendo qualche lettera.

Giorno - Kiorno? (G = 6 / R = 4 / N = 2) = 642

Camicia - Kamicia? (C = 7 / M = 3 / C = 6) = 736

Cinghiale - Kinkiale?(C = 6 / N = 2 / GH = 7 / L = 5) = 6275

Christchurch (pronuncia Craistcerc) - Kristkierk (pronuncia Kraistkierk)? (CH = 7 / R = 4 / S = 0 / T = 1 / CH = 6 / R = 4 / CH = 6) = 7401646

Conversione fonetica di - GL -

Le due lettere unite "GL", secondo il contesto in cui sono inserite, presentano una pronuncia ed un suono diverso.

Nella parola "aglio", ad esempio, le due lettere – GL –, fanno corpo unico, sono un singolo suono, che si converte tramite con il numero 5. Al contrario, nella parola "globo", le due lettere rappresentano due suoni completamente slegati tra loro, per questo motivo non devono essere convertiti in un unico numero, ma in due numeri separati: 7 per il suono prodotto dalla: - G - e 5 per quello prodotto dalla - L -.

La regola fondamentale per essere sempre sicuri di non sbagliare, è quella di non prendere mai in considerazione la forma scritta delle parole, ma solo ed unicamente il loro suono, la loro pronuncia specifica.

Conversione fonetica di - SC -

Per queste due lettere il discorso è analogo a quello fatto per GL.

In alcuni casi formano un suono unico e vengono usati per il numero 0 in altri formano due suoni separati quindi produrranno due suoni specifici.

Vediamo due esempi:

SCIARE (SC = 0 - R = 4) = 04

SCATOLA (S = 0 - C = 7 - T = 1 - L = 5) = 0715

Conversione fonetica di - X -

La lettera X produce due suoni fonetici, pronunciandola è semplice accorgersi che, con *iCS*, abbiamo il suono duro del 7 e lo 0 del suono sibilante prodotto dalla S, quindi: ICS = 70

Esempi di conversione dei numeri:

Numero 42: Il suono fonetico del numero 4 è R, mentre per il 2 è N o GN, il numero 42 si può quindi convertire in tutte quelle parole composte dai suoni R e N o simili per assonanza, per esempio: RaNa, ReNNa, RaGNo, ReGNo, aRiaNNa, ecc.

Numero 74: Il suono fonetico del 7 è Ch o Gh (suono duro), mentre il suono fonetico del numero 4 è R. Quindi potremo convertire questo numero con tutte le parole comprendenti i suoni della: K (o "C" dura) e della R, per esempio: CaRRo, CoRRo, GHiRo, CHiaRa, CoRo ecc.

Aggiungiamo il numero 1 al numero precedente, rendendolo un numero di tre cifre, avremo il 741. Ti ricordo che il suono fonetico del numero 1 è T o D, e l'unione dei suoni fonetici del numero 741 darà: CaRoTa, CaRTa, CoRDa, CoRRiDa, aCCoRDo, GRiDo.

Il numero 851 i cui suoni fonetici sono: 8=F o V - 5=L o Gl - 1=T o D Avremo: VeLLuTo, VoLuTTà, aVaLLaTo, aVVaLLaTo, FoLTa, FoGLieTTa, FoLa-Ta, VoLaTo, VioLeTTo ecc.

ESERCIZI

Fai un po di pratica.

Ora fai anche tu qualche esercizio, così potrai dimostrare di essere un genio mnemonico

Nell'uso quotidiano non ti capiterà di convertire una parola in numero, ma questo procedimento, in questo momento, ti permetterà di fare pratica in modo semplice e veloce.

Ciò che dovrai fare è molto semplice e nel caso avessi qualche difficoltà, pronuncia a voce alta la parola, evidenziando i suoni fonetici, se ancora non fosse sufficiente torna ad osservare l'elenco dei suoni/numeri.

Buon lavoro

parola	Numero	Parola	Numero
agorà		italiane	
antichi		la	
appartenere		libro	
appartengono		lo	
archeologici		lunga	
bambino		lussuoso	
banchina		malato	
bimbo		mattino	
bottiglia		mercato	
calcio		messaggio	
canzone		misteriosa	
casuali		mostri	
certamente		mura	
che		necropoli	
cinema		notevole	
circostanza		numerose	

parola	Numero	Parola	Numero
circuito		occupare	
città		occupato	
civiltà		originariamente	
clero		ospiti	
comportamento		percorso	
coniugi		peschereccio	
conobbe		piccolo	
consegui		pigri	
corso		porto	
dimora		precedenza	
diretta		prime	
direzione		programma	
disguido		prosa	
diversi		protagonista	
epigrafe		questo	
erano		resa	

parola	Numero	Parola	Numero
escluso		revolver	
espansione		ripubblicato	
esterno		rispettivamente	
evitare		ritrovare	
extraurbana		rozzo	
fantomatico		scavi	
fatti		scelta	
filastrocca		segni	
fortunate		seguivano	
fuori		selvaggi	
ginnastica		tribù	
giudice		sistematici	
giunto		solo	
governante		specchi	
impiantarono		stabilmente	
facebook		particolare	

Continuare a giocare

Definire le informazioni da studiare, "troppo importanti" per poterci giocare, limita l'utilizzo della parte fantasiosa del nostro cervello. Come se con una automobile utilizzassimo solo 3 delle 4 ruote! Con le giuste capacità è possibile farla camminare ma si andrebbe comunque poco lontano. Sfruttando la fantasia e la creatività aumentiamo la capacità di recuperare l'informazione anche a distanza di tempo, oltre che a comprenderla più velocemente. Sviluppando le basi delle metodologie che hai letto fino ad ora, gli anni successivi potranno essere impegnativi, ma tutti facilmente superabili con il giusto metodo, ed a questo sarà facile aggiungere la fiducia acquisita nei propri mezzi, nelle proprie capacità. Le superiori non saranno una sfida, ma uno normale proseguo dell'enorme *puzzle* culturale iniziato tanti anni prima

Le superiori

Ora che siete alle superiori, entrate in un mondo nuovo. Il liceo che avete scelto influenzerà le vostre vite e le materie saranno inevitabilmente più difficili.

...mmm, anche qui?

Il mio ingresso alle superiori fu leggermente traumatico.

Finite le medie, nel "resoconto finale" scrissero che, non essendo particolarmente portato per lo studio, era consigliabile farmi frequentare un istituto tecnico. Suppongo che il motivo di questo *consiglio* fu perché l'ultimo anno ero molto distratto e leggermente irrequieto. Oggi si cercherebbe di capire il motivo (non sempre) ma a quel tempo, nel 1978, la scuola non poteva sbagliare, quindi, come da consiglio venni iscritto in un Istituto Tecnico Industriale o ITI.

Non conoscevo nessuno e forse anche per questo, ai miei occhi, quel liceo era veramente brutto, inoltre nessun insegnante si prese mai la briga di dire cosa avremmo fatto, quale sarebbe stato il programma.

> *A distanza di anni ho ancora l'impressione di aver avuto come insegnanti il personaggio interpretato da Alberto Sordi che urlava: "io so io e voi nun siete un ...!"*

In classe ci vuole poco a fare amicizia, quindi *...coraggio e sopportiamo questi primi giorni*, ma non fu così ... dal primo giorno in poi, ricordo solo confusione e, dopo solo una settimana, iniziarono gli scioperi, che proseguirono quasi ininterrottamente per tutto l'anno. A quell'età non ero certo interessato alla scuola, quindi ... tanto c'è sciopero! ... e dopo sei mesi avevo frequentato si e no una settimana!

L'anno successivo cambiai liceo ma senza seguire i consigli forniti dalla scuola media e anche qui le cose non andavano meglio in fatto di scioperi.

Sicuramente non avevo una gran voglia di studiare ed un opportuno incidente con il motorino mi costrinse a rinunciare a due, tre mesi di scuola … alla fine fui, logicamente, bocciato! Ricordo però che tra tutti gli insegnanti, solo uno trasmetteva passione. Era piacevole ascoltarlo e, per studiare, ci consigliava di riunirci non solo per divertirci ma anche per studiare. Perché studiando insieme è più facile ricordare le cose!

Non erano ancora stati scritti tutti qui libri di metodi di studio, quindi senza metodi, senza tecniche di memoria, senza lodi e senza inganni riuscii a completare il liceo e subito dopo partire per fare il servizio di leva al termine del quale,tramite la Memotec, la prima società che in Italia si occupo di formazione, scoprii le tecniche di memoria e la mia prima affermazione fu: potevate arrivare prima! Si parlava pochissimo di mappe mentali, parole chiavi e metodi di studio in genere, ma le tecniche sopperivano a questa mancanza perché dimostravano quanto era possibile ottenere con un minimo di ingegno e da allora non ho mai smesso di approfondire e studiare

nuovi sistemi, metodi, per migliorare
la qualità dello studio, di qualsiasi
materia.

La soluzione di quell'appassionato professore, di studiare in gruppi è, ancora oggi, una delle migliori, a patto di organizzare per bene il lavoro.

"Studiare insieme", non vuol dire che ognuno si impegni a leggere sul suo libro, come se ci si trovasse in una biblioteca, dividersi i compiti. Ognuno studia una parte della lezione e poi lo spiega approfonditamente agli altri che pongono domande fino a quando quella parte non è stata completamente compresa.

Limitarsi ad una riunione dove, in silenzio, ognuno studia per proprio conto, produrrebbe lo stesso risultato dello "studiare da soli". A questo vanno aggiunte un maggior numero di distrazioni, perché, ogni volta che uno si distrae, corre il rischio di distrarre anche gli altri. Ogni rumore sarebbe un attentato alla concentrazione: il cane che abbaia, il telefono che squilla, il campanello, una penna che cade, uno che ha sete e l'altro che ha fame ... Ogni motivo sarebbe valido per una pausa. Ma è fisiologico che il nostro cervello (a maggior ragione per i ragazzi), non ci consenta di concentrarci per tanto tempo consecutivamente. Con l'abitudine e la passione, tutto è possibile, ma prima ci si deve *appas-*

sionare alle materie! Non è sufficiente dire: *"oggi studio tutto il giorno!"*, il cervello, il subconscio non si convincono così facilmente!

Accade anche in classe, se la lezione non si svolge con le necessarie associazioni, che permettono una migliore collocazione delle informazioni, ogni piccolo incidente farà perdere l'attenzione, distraendo dallo studio.

LA CURVA DELL'ATTENZIONE

Con l'avvento della televisione con i film, telefilm e documentari, ma anche con le varie consolle di gioco, l'attenzione di ognuno di noi si è molto modificata e varia in base a quanto siamo realmente interessati a ciò che stiamo facendo. Si certo, lo sapevi! ma quanto dura l'attenzione?

E' abbastanza semplice comprenderlo, se un film è bello e interessante, ci cattura per tutte le due ore, anche se, le poltrone del cinema, dopo un po' cominciano ad essere scomode. Un videogioco è favoloso ma poi gli occhi e le dita iniziano a dar fastidio.

Un romanzo, ancor di più, ci cattura facendoci ricreare gli scenari narrati   ma saranno ancora una volta i nostri organi a farci notare la durata di lettura, rendendola difficoltosa o facendoci addormentare sognando.

Nel caso di un testo di studio, varia anch'esso dal tipo, in base a quali siano gli interessi personali di ogni studente, ma difficilmente la durata sarà equiparabile a quella di altri interessi (film, giochi, romanzi o altro) e sarà sempre un organo umano a distogliere per primo l'attenzione da quelle materie.

L'organo in questione è l'amigdala, una specie di sentinella situata all'interno del sistema limbico, la quale si occupa di ricercare, fare attenzione alle cose più importanti per la sopravvivenza di ognuno. Il metro di giudizio sono la gamma delle emozioni. Va da se che un noioso testo di studio non sarà mai "sentito" come importante. Vedremo meglio più avanti come sfruttare le emozioni ma al momento, ciò che dobbiamo fare è comprendere come sfruttare al meglio i brevi periodi di attenzione e .... brevi quanto?

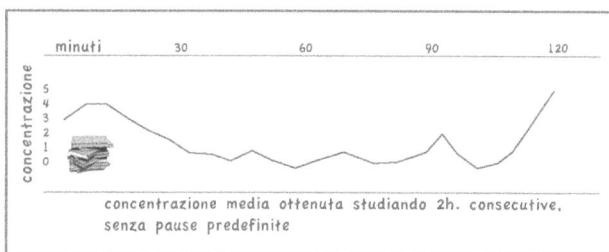

concentrazione media ottenuta studiando 2h. consecutive, senza pause predefinite

Come puoi vedere dall'immagine, la maggiore attenzione si ottiene all'inizio ed alla fine, è infatti noto che le cose che si ricordano meglio sono le prime e le ultime. quindi tutto ciò che si deve fare è dividere i periodi di studio!

In effetti, immagina cosa accadrebbe se a scuola dovessi fare 6 ore di seguito di matematica o di filosofia o di qualsiasi altra materia.

Sfruttando periodi più brevi, alternati a momenti di pausa l'attenzione non scenderà mai in modo eccessivo e l'inizio e la fine saranno sempre molto vicini.

Studiando in periodi di 30 minuti, a cui far seguire pause di 5 massimo 10 minuti, si otterranno enormi benefici, sopratutto quando ci si trova a studiare da soli.

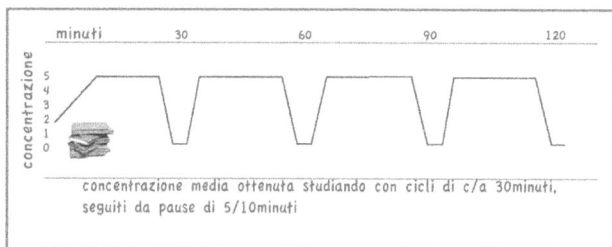

concentrazione media ottenuta studiando con cicli di c/a 30minuti, seguiti da pause di 5/10minuti

Questo sistema di gestione dei tempi di studio è stato approfondito e migliorato da Francesco Cirillo, con la sua: Tecnica del pomodoro. Quella tecnica che volli utilizzare anche con mio figlio ma aveva troppo poco da studiare per approfondirla adeguatamente.

LE TECNICA DEL POMODORO

La tecnica non prevede grandi dosi di sugo dei nostrani pomodori ma un più semplice timer da cucina a forma di pomodoro. Probabilmente fu questa la forma del primo timer utilizzato da Francesco Cirillo per gestire la sua curva dell'attenzione, ed ottenere una migliore concentrazione durante i suoi tempi di studio.

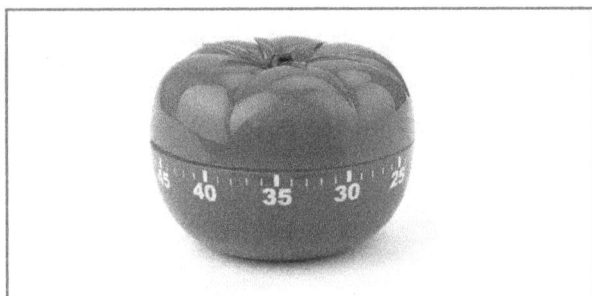

Con la *tecnica del pomodoro* i blocchi di tempo sono formati da 30 minuti, di cui 25 di studio e 5 di pausa.

Poiché dopo 4 *pomodori* è possibile una certa stanchezza, diventa necessario effettuare una pausa più lunga, di almeno 15 minuti.

Durante i periodi in cui si studia con il pomodoro, non si deve fare altro che assolvere all'impegno per cui è stato fatto partire. Allo stesso modo, durante le pause, non si deve assolutamente pensare allo studio.

In questo modo, psicologicamente, avremo solo periodi di 25 minuti di studio. Potremmo decidere di *... studiare per un paio di pomodori*, ed ottenere il massimo dalla concentrazione perché il tempo è limitato, sappiamo quando inizia e quando finisce. L'importante è non essere disturbato e non distrarsi, pena l'annullamento del *pomodoro*!

Decidendo di utilizzare questo sistema, i 25 minuti devono essere completi e non "circa 25", in questo modo si creerà un'abitudine, durante la quale, mentre sentiamo il ticchettio del timer siamo coscienti che è il tempo di studiare. Questo sistema è ottimo per combattere la procrastinazione. Se hai deciso che studierai 2h al giorno per il prossimo mese, potrai far partire un paio di pomodori al mattino ed uno al pomeriggio, senza disturbare minimamente i tuoi impegni mondani!

Anche se non avessi proprio voglia di studiare *"un paio di pomodori"* non saranno un grande impegno, sarà come dire: *"studio un po"*, ma ciò che otterrai durante quella singola ora, varrà quanto 4h fatte in modo distratto.

Ogni volta che ripartirai dopo una pausa breve, dovrai rivedere mentalmente, e velocemente, quanto studiato nel *pomodoro* precedente, mentre riprendendo dopo una pausa lunga, ripasserai quanto studiato durante i 4 *pomodori* precedenti.

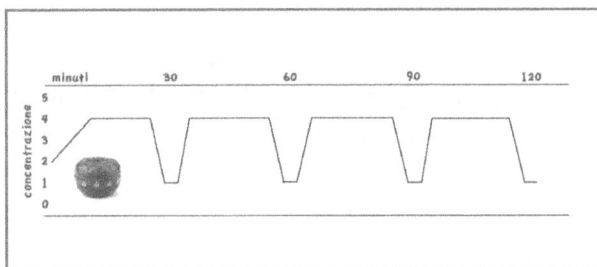

schema cicli di studio/concentrazione/tempo

Nell'arco del tempo la tecnica del pomodoro è stata notevolmente migliorata dal suo ideatore e da tutti coloro che l'hanno utilizzata, apportando notevoli migliorie:

Utilizzando questa tecnica per fare i compiti del liceo, sono sufficienti pochi pomodori, ma consigliabile imparare ad organizzare i vari compiti, perché in futuro, che sia per lavoro o per l'università sarà indispensabile non perdere tempo inutilmente, per ottenere i migliori risultati nel più breve tempo possibile. Per esempio, nel caso dei compiti per i liceali si potrebbe organizzare:

- studiare sul libro e prendere appunti: 2 pomodori,
- valutare appunti e scrivere parole chiave: 1 pomodoro
- sviluppare mappa e ripassare: 1 pomodoro

Oppure, studiando in gruppo:

- Leggere il libro prendere appunti: 1 pomodoro
- valutare appunti, contenuti e parole chiave: 2 pomodoro
- Sviluppare mappa e ripassare: 1 pomodoro

Altre utili regole sono:

Nel caso di utilizzo per la preparazione di un esame universitario, la prima parte, quella dello studio e sviluppo degli appunti richiederà più tempo, quindi più *pomodori* ed in quel caso è utile effettuare il veloce ripasso ad ogni inizio di *pomodoro*, come spiegato in precedenza.

Può capitarti di dover effettuare dei lavori, di studio o di lavoro, che dureranno più dei 25 minuti previsti in un *pomodoro*. In questo caso è assolutamente necessario trovare il modo di dividere il lavoro in più *pomodori*. Tutte le cose più difficili, affrontate a piccoli passi vengono superate con facilità.

La stessa cosa della divisione, deve essere fatta nel caso di impegni che durino meno di un *pomodoro*, nel qual caso devono essere aggiunti ad altri piccoli impegni per completare un intero periodo.

Ogni volta che completi un pomodoro, scrivi una X nella lista, di fianco al compito che hai effettuato, avrai una traccia ben precisa del tuo impegno e .. ti stupirai di quanto poco tempo potrebbe servirti per fare un buon lavoro.

Può accadere di terminare lo studio prima dello scadere del pomodoro. Se si tratta di pochi minuti non è un problema, ma se supera i 5-10 minuti le cose cambiano. In questo caso è necessario sfruttare il tempo rimasto per ripassare o aggiungere altre cose relative al compito che stai svolgendo.

Purtroppo a volte accade che qualcosa di urgentissimo vi distragga, cercando di convincervi a... cercare un ristorante cinese per cenare con gli amici ... *quando sono appena le 10 della mattina!* In questo caso non cestiniamo immediatamente l'idea, ma aggiungiamo un piccolo punto alla lista, in conco-mitanza della cosa che stiamo facendo. Scrivendo un punto, un apostrofo , un qualcosa che non disturbi e rovini il foglio del programma, avremo un quadro ben chiaro di tutte le volte che ci saremmo distratti se non avessimo utilizzato questa tecnica!

Alcune di quelle distrazioni però, potrebbero es-sere utili, necessarie, in questo caso potremmo uti-lizzare un foglio: -urgenti non previste- e durante la pausa, non facendo parte del compito che si sta svolgendo, assegnargli il numero di pomodori neces-sari al completamento.

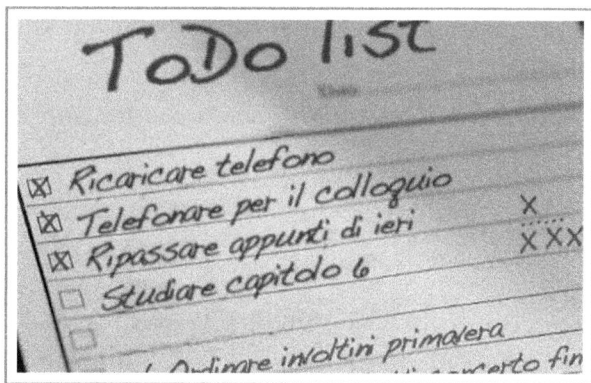

Todo-list compilata con pomodori e distrazioni

Questo sistema può anche essere utilizzato per lavoro. Valutando il tuo compenso in base al numero di pomodori utilizzati, personalmente o di gruppo! Se lavorate in 8, 4 persone hanno utilizzato 3 *pomodori*, 3 hanno utilizzato 2 *pomodori* ed una 5 *pomodori* la somma darebbe: (4*3)+(3*2)+(1*4)=22 *pomodori*. Al cliente saranno addebitate 11 ore di lavoro!

Essere ligi nell'utilizzo di questa tecnica aiuterà a creare una buona abitudine nel mantenere l'impegno e la concentrazione in ogni occasione, cosa che farà la differenza nel mondo del lavoro.

Se il timer ti disturba, mettilo nel cassetto, non sentirai il ticchettio ma solo squillo quando terminerà e se qualcuno dovesse disturbarti, potrai sempre dirgli:

devo finire il pomodoro, chiamami tra una ventina di minuti!

Tutto ciò che riguarda la tecnica del pomodoro, puoi trovarla all'indirizzo: http://it.pomodorotechnique.com, il sito creato e gestito da Francesco Cirillo ed il suo gruppo.

Sul sito di Mnemonia: www.mnemonia.net, puoi trovare i template dei fogli da stampare per dividere i compiti in .. *pomodori*.

PRENDERE APPUNTI

Durante lo studio con il pomodoro, uno degli steps del lavoro era "prendere gli appunti". Purtroppo la maggior parte degli studenti conosce ben pochi modi di prendere appunti e il più delle volte il sistema utilizzato è di una noia tale da renderli quasi inutili!

Stiamo ancora parlando di superiori quindi, per il momento, mi limiterò a descrivere un buon metodo per prendere appunti, ma in seguito, quando sarai all'università, amplieremo questo sistema.

Forse perché siamo abituati a vedere i sommari o altri sistemi utilizzati sui testi di studio ma il modo di prendere gli appunti è identico per tutti e per tutti assolutamente monotono! Che siano appunti schematici, lineari o ad elenco non si scappa, sono piatti e non sfruttano nulla della creatività di ognuno. Eppure, se ci capita di vederne disegnati, scarabocchiati, siamo pronti a definire il suo creatore una persona fantasiosa, creativa come lo erano molti dei grandi geni della storia.

Allora perché sono così pochi coloro che utilizzano un diverso stile? un diverso approccio allo sviluppo degli appunti?

Appunti Leonardo da Vinci

Leggendo un libro o sviluppando un'idea, si creano nella nostra mente delle immagini, che danno corpo ad emozioni e sensazioni relative a ciò che stiamo leggendo, ma quando li riportiamo su carta vengono appiattiti, non trasmettono più quelle emozioni che contraddistinguono qualsiasi valido ricordo.

Possiamo distinguere 3 tipi di appunti: narrativo, a lista e schema.

Lo stile narrativo ha lo scopo di spiegare l'informazione, senza lasciare spazio alla memoria, in pratica si utilizza per descrivere , spiegare, può essere condiviso con altri, a patto di scrivere tutto, senza tralasciare nulla e senza lasciare nulla alla fantasia. Per esempio: descrivere la preparazione di una ricetta.

La lista, si limita a produrre un elenco di parole, fini a se stesse. Se viene utilizzato per la lista della spesa, un bravo cuoco potrà vedere i piatti che se ne possono ricavare. Un bravo studente potrà riconoscere la materia ma entrambi, studente e cuoco, dovranno conoscere a priori l'argomento, perché non è certo così che potranno approfondire la conoscenza.

Lo stile schematizzato, con la sua serie di parole e/o frasi è, di solito, la riproduzione del sommario. Può andar bene per farsi un'idea di cosa troveremo nel libro, ma di certo non aiuterà a comprendere la materia. Inoltre, anche questo stile lascia ben poco spazio alla creatività.

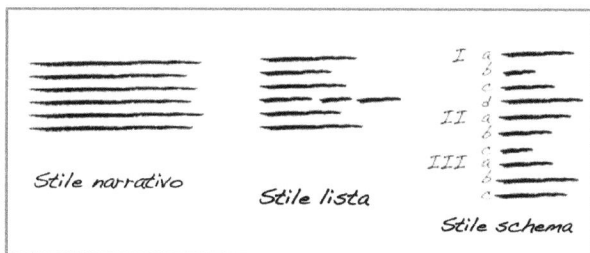

In sostanza ciò che serve è un sistema che consenta di recuperare nella memoria quelle immagini che si creano quando si è concentrati nella lettura. Di solito, le immagini si attivano con alcune parole e/o frasi chiave, quindi è necessario sviluppare un sistema di appunti che aiuti a recuperare queste immagini, rendendo più semplice il ricordo.

Intorno al 1950 il professor Walter Pauk della Cornell University sviluppò un metodo che divenne famoso con il nome Metodo Cornell.

IL METODO CORNELL

Il metodo nasce dal presupposto che gli appunti debbano richiamare alla mente quanto si è studiato tramite parole e concetti chiave estratti dal testo o tramite esso. Gli appunti "normali" come descritti poco prima, raramente attivano i collegamenti cerebrali. Per esempio, se dicessi uno, due, tre .... la logica e la conoscenza ti farebbe subito aggiungere il numero mancante! *Si! è logico!* potrai ribattere, ma la stessa cosa accade con un: "tanto va la gatta al lardo che ....". Il cervello recupera immediatamente le parole da aggiungere e lo farebbe anche se le vedesse già scritte, ma come sempre accade, se lo fa il testo o l'appunto, perché affaticarsi? Conosco persone che sono talmente abituate a fare i conti le calcolatrici, da non essere quasi più in grado di farli a mente!

La stessa cosa accade con la mente, la deduzione, il recupero delle informazioni depositate. Il cervello è come un muscolo, perde elasticità e smette di rispondere prontamente alle nostre richieste se non viene allenato continuamente, anche se con semplici esercizi.

Come vedemmo nei bambini, ai quali suggeri-vamo una parte delle risposte, così si sviluppa il me-todo Cornell. L'area principale richiede la scrittura di una parte degli appunti, tipo una frase citata nel testo, un disegno o qualcosa che richiami parte di un'area, di un paragrafo. In un secondo tempo, quando si procede alla verifica degli appunti, in un'area del foglio, si procederà a sviluppare delle parole chiave dagli stessi appunti presi velocemente durante lo studio. Infine, si potrà procedere a scrive-re una breve descrizione, un veloce riassunto del-l'appunto. .... confuso? Osserva l'immagine del fo-glio per gli appunti e ti sarà tutto chiaro.

... materia .../ ... lezione .../ ... data ...	
parola chiave	Informazione
parola chiave	Informazione importante
parola chiave	Informazione molto importante
parola chiave	Informazione importantissima
parola chiave	

Descrizione degli appunti

Tutto deve essere sviluppato su un foglio, diviso o piegato come descritto nell'immagine.

Prima di tutto, per fare ordine nel lavoro che ti appresti a fare, scrivi il alto la materia, l'argomento e la data in cui lo stai sviluppando, poi, leggendo il libro, invece di sottolineare tutto, scrivi le frasi, i concetti chiave o se preferisci, dei piccoli disegni, tutto ciò che riterrai importante ai fini della lezione andrà nell'area di destra, quella più grande. Per dare un grado di importanza agli appunti che scriverai, sfrutta il piano orizzontale, scrivendo a sinistra le cose molto importanti e a destra quelle meno.

Gli appunti derivano sempre dalla parte importante del testo (o del discorso), come se in una votazione da 1 a 10, trascrivessi solo i punteggi dal 5 al 10, lasciando da parte i rimanenti perché recuperabili con la tua intelligenza e deduttività.

Sottolineando (o peggio evidenziando) tutto, non si sfrutta nulla della propria memoria. E' tutto scritto lì e ci costringiamo a rileggerlo come se fosse la prima volta, per capire e cercare le cose importanti.

Gli appunti sviluppati con il metodo Cornell, consentono di recuperare facilmente tutte le informazioni, sia durante il ripasso che nel caso desiderassi approfondire sul libro, poiché è tutto ben organizzato e da quel singolo foglio appunti, potrai trovare subito la pagina del libro da cui è stato sviluppato.

Se avrai utilizzato la tecnica del pomodoro, potrai utilizzare i fogli appunti per ripassare quanto studiato nei pomodori precedenti e il tutto richiederà pochissimo tempo ma con vantaggi impareggiabili.

Dopo aver studiato con questo sistema, se si è da soli si potrà anche ripassare il giorno successivo, senza la paura di perdere il filo logico, se invece si stesse studiando in gruppo si potrà procedere immediatamente, leggendo e descrivendo l'appunto, allo sviluppo delle parole chiave nella colonna di sinistra del foglio, tramite le frasi, i concetti e quanto altro sarà stato scritto nella colonna di destra del foglio.

Al termine di ogni singolo foglio appunti, nell'area in basso, scrivi una breve descrizione di ciò che tratta quell'unico foglio. A questo punto avrai:

- I concetti chiave

- Le parole chiave

- La descrizione

Per ogni lezione e materia avrai un buon numero di fogli appunti che potrai catalogare tutti insieme in un raccoglitore e sviluppare un sommario con una mappa mentale. Le parole chiave sviluppate nelle colonne a sinistra del foglio saranno perfette. Ben presto ti accorgerai che tutte le informazioni si intrecciano tra loro e quello che prima poteva creare confusione, ora è chiaro e limpido perché le informazioni sono state tutte memorizzate o comunque sono tutte facilmente raggiungibili.

Se desiderassi ripassare qualcosa, sarebbe estremamente veloce, perché potresti iniziare e finire con la mappa e nel caso di difficoltà leggere l'appunto o approfondire fino al libro ma .... accade raramente.

Se avessi bisogno di memorizzare perfettamente la lezione, sempre partendo dalle parole chiave, potresti sfruttare una bellissima tecnica di memoria, che a dire il vero è la base di tutti i metodi di studio, le associazioni! Ogni nuova informazione ha la necessità di essere associata a qualcosa di già conosciuto, già presente nella nostra memoria, in questo modo può essere facilmente catalogato e memorizzato. A volte, per ricordare meglio, può essere utile forzare questo procedimento, utilizzando la tecnica delle associazioni mnemoniche.

ASSOCIAZIONI E CREATIVITÀ

Siamo ancora al liceo, quindi la creatività e la fantasia sono ancora molto vive in ognuno, per cui possiamo facilmente sfruttare questo metodo che è alla base delle tecniche di memoria.

Come abbiamo visto con la conversione fonetica, con la quale, sfruttando la conformazione dei numeri, gli associavamo dei suoni per ricordarli più facilmente, stavolta il metodo sarà simile, ma lo scopo sarà di associare tra loro una serie di parole, come potrebbero esserlo le parole chiave scritte nella colonna di sinistra degli appunti presi con il metodo Cornell.

Leggi questo elenco di parole:

Televisore

Automobile

Cane

Melo

Lago

Materassi

Scarpe

Barba

Racchetta

Moglie

Telefono

Coccodrillo

Forno

Grattacielo

Biglie

Rete

Vacanze

Ora contale una ad una. Quante sono?

Ora, anche se inconsciamente hai letto queste parole 2 volte, la prima con una lettura normale e la seconda mentre le contavi una ad una. Già in questo modo, senza rileggerle sei in grado di ricordarne diverse e già questo ti fornisce la misura della tua capacità mnemonica. Aggiungendo eventuali pensieri che ti assillano, qualche ulteriore distrazione ecco che piano piano le parole spariscono dalla mente, si allontanano come nella nebbia. Qualcuna la sentirai ... sulla punta della lingua, ma altre diventano difficili da ricordare. Puoi fare una prova, senza rileggerle, chiudendo questo libro e scrivendole allo stesso modo, dalla prima all'ultima. Ti aiuto, la prima parola era -Televisore-.

Scrivine più che puoi, nel loro esatto ordine. Se fossero le parole chiave di uno dei tuoi testi, saresti tenuto ad andare in ordine, quindi fai attenzione e fai la stessa cosa. Cerca di scriverle in ordine.

....

....

....

....

....

....

....

....

....

....

....

....

....

....

....

....

....

Spero tu abbia tentato di scriverle quanto basta per capire che senza una tecnica valida è un lavoro estremamente difficile. Uno dei motivi è che spesso, ciò che si legge o si ascolta non viene visualizzato mentalmente.

> *Le parole che ti ho elencato venivano utilizzate, tanti anni fa', nelle presentazioni dei corsi di tecniche di memoria della Memotec e, proprio durante le presentazioni, insegnavamo a ricordarle, con immenso stupore dei partecipanti. La stessa lezione, leggermente più approfondita, è disponibile gratuitamente sul sito di Mnemonia. E' la prima lezione del corso completo di tecniche di memoria. La differenza con le tecniche insegnate in questo libro è che il corso on-line è un programma ed oltre a trattare esclusivamente le tecniche di memoria, obbliga gli utenti ad effettuare gli esercizi per andare avanti, così come accade nei corsi dal vivo.*

Il modo migliore per memorizzare adeguatamente le parole è associarle tra loro, creando una storia che le colleghi l'una all'altra. La storia deve essere fantasiosa, pressoché impossibile, per stimolare quelle aree cerebrali che attivano e catalogano le informazioni in base alle emozioni. Poiché, come ho piu volte affermato, solo sfruttando le emozioni è possibile ricordare facilmente i vari argomenti e in questo caso, essendo le parole da memorizzare fini a se stessi, diventa indispensabili visualizzarle, animarle per aggiungere le emozioni.

La storiella

Leggi attentamente quanto segue, chiudendo gli occhi per immaginare la scena, per poi riaprirli per continuare la lettura .... logicamente!

● ● ●

Siamo in un cinema, il tuo cinema preferito.

Si spengono le luci e sul grande schermo appare un enorme **televisore**, il nostro televisore, quello che abbiamo a casa. Incuriositi allunghiamo il braccio, lo allunghiamo sempre di più sino ad accenderlo. All'interno del televisore vediamo un filmato dove c'è una bellissima **automobile** sportiva, che corre all'interno di una città, ma il guidatore non è sicuramente Schumacher, perché sbanda da tutte le parti, facendo saltare bidoni della spazzatura, investendo persone sul marciapiede, chi guida è veramente un pazzo, chi guida è veramente un **cane**! Infatti avvicinandoci con lo sguardo, vediamo alla guida un simpatico cagnolino, che con il muso muove il volante, con le zampe posteriori aziona i pedali e con la coda cambia le marce. Ma continua ad essere un cane di guidatore e finalmente esce dalla città. Una curva a destra, una a sinistra e ..... sbamm finisce dritto contro un albero distruggendo tutto. Da bravo cane esce dall'auto, e pamm gli cade in testa una mela, infatti l'albero era un **melo**. Approfittando dell'occasione il cane si fa uno spuntino con le mele riempiendosi la pancia e quando non ne può più, con una pancia che lo rende più facile da saltare che girargli intorno, alza la sua zampetta contro il melo e ne fa tanta, ma talmente tanta, che prima è un semplice rigagnolo, poi diventa un torrente ed alla fine inonda tutta la vallata creando un immenso **lago**. Trasformiamo l'immagine in un bel lago di montagna, perché ha sommerso un intero paese e tutti gli abitanti che dormivano ignari si sono ritrovati a galleggiare sul lago con i loro **materassi**! Un signore si sveglia piuttosto umido e stupito, ma per nulla scoraggiato inizia a remare con le braccia verso la riva, dove ha visto le sue **scarpe**. Le infila e le toglie subito perché l'animale che c'era dentro non era d'accordo. Le svuota e le indossa di nuovo. Poi si dirige verso il bagno più vicino e come la maggior parte degli uomini, inizia a farsi la **barba**. Fischietta felice mentre si fa la barba. Ripone il tutto ed esce ma .... Sbamm una botta tremenda sulla testa, si volta e vede a terra la sua bellissima **racchetta** da tennis, a terra distrutta. Molto arrabbiato cerca il colpevole e vede da un lato sua **moglie** che se la ride per il bernoccolo appena fatto. Inizia una furibonda litigata.... "perché hai fatto questo? Perché hai rotto la mia bellissima racchetta, tu che sei mia moglie lo sapevi quanto io ci tenessi". La moglie, a questo punto stanca del litigio va al **telefono** per raccontare tutto ad una sua amica. Dopo due ore però il telefono diventa incandescente, inizia a cambiare forma, ad allungarsi sempre di più fino a diventare un enorme **coccodrillo**! La donna impaurita inizia a correre per la casa, con in mano il coccodrillo, nella ricerca di un posto dove gettarlo. Nella camera da letto no! In salotto no! In Cucina? Si! E lo infila nel **forno**. Il coccodrillo non è però molto d'accordo di ritrovarsi nel forno e si agita sempre di più, fino a deformare il forno, che inizia a crescere, cresce, cresce sempre di più sfondando il tetto della casa, sempre di più, fin a diventare un enorme **grattacielo**. Ma il grattacielo continua a crescere, crescere sempre di più fino a quando esplode in milioni di **biglie**. Le biglie si spargono per la città causando notevole scompiglio. Una delle biglie finisce in un enorme campo verde, dove ci sono 11 omini da una parte ed 11 dall'altra. La biglia si sostituisce alla palla ed un omino inizia a dribblare un avversario, poi un altro, un altro ancora ...... tiro ......**rete**. La nostra squadra del cuore a fatto rete e noi ce ne andiamo in **vacanza**.

Ancora un attimo ed abbiamo finito, facciamo un veloce riepilogo ma questa volta cerca di anticipare, a voce alta, le parole da memorizzare.

Eravamo in un cinema, si sono spente le luci ed è apparso il nostro **televisore**. L'abbiamo acceso ed al suo interno abbiamo visto un'**automobile** che correva in una città. Alla guida c'era un **cane**, il quale guidava malissimo e dopo essere uscito dalla città sbatte contro un **melo**. Uscendo dall'auto, mangia le mele cadute dal melo, poi alza la zampetta e ne fa tanta, ma tanta che diventa prima un rigagnolo, poi un torrente, poi un fiume ed infine un enorme **lago**. Il lago ha sommerso un paese e gli abitanti navigano tranquilli sui propri **materassi**, uno di loro si avvicina a riva e si infila le proprie **scarpe** e si dirige verso il bagno per farsi la **barba**. Fischietta felice e quando esce .. sbamm, una botta fortissima sulla testa, osserva in terra e vede la sua bellissima **racchetta** distrutta. Si volta e vede che è stata la **moglie**. Inizia una furibonda litigata alla fine della quale la moglie corre al **telefono** e parla per ore. Il telefono diventa incandescente, cambia forma, comincia a crescere e diventa un enorme **coccodrillo**. La donna, impaurita, corre per la casa alla ricerca di un posto dove mettere il coccodrillo e lo trova in cucina, quindi mette il coccodrillo nel **forno**, ma continua a dibattersi ed anche il forno inizia a crescere, rompe il soffitto e cresce, cresce fino a diventare un enorme **grattacie-**

lo, ma continua a crescere, fino ad incrinarsi ed esplodere in milioni e milioni di **biglie**. Una di queste finisce in un enorme campo verde, dove giocano undici omini da una parte ed undici dall'altra. Uno di questi omini scambia la palla con la biglia, dribla a destra, poi a sinistra tira e ... **rete**. La squadra del cuore a fatto rete e noi ci prendiamo una meritata **vacanza**.

Ora prendi un foglio (o utilizza questo) e scrivi nel loro esatto ordine tutte le parole. Aiutati chiudendo gli occhi e visualizzando mentalmente la storiella. A volte ti accorgerai che non sarà necessario, ma solo perché il tuo cervello starà lavorando e darà importanza a ciò che serve, alle sole parole chiave necessarie a questo esercizio.

....

....

....

....

....

....

....

....

....

....

....

....

....

....

....

....

....

Prima di girare la pagina, hai scritto le parole? altrimenti non potrai stupirti di ciò che segue. Quindi se non lo avessi fatto, fai un piccolo sforzo o al

massimo, ripeti le parole, contandole, senza scriverle.

Ora, se ti ho convinto, bene, altrimenti.... scrivi
nuovamente le parole ma partendo dall'ultima fino
ad arrivare alla prima. Se avessi qualche difficoltà,
chiudi gli occhi e rivedi la storiella. Osservando da
dove veniva la parola che avrai appena scritto. Per
esempio: Perché sei andato in vacanza? cosa è successo?

....
....
....
....
....
....
....
....
....
....
....
....
....
....
....
....
....

Impressionante vero?

Ammetto che l'elenco di parole è molto semplice ma rendono comunque l'idea di cosa si deve fare e di come funzionano le mappe mentali. Ad ogni parole se ne collega un'altra in forma gerarchica. Prima e dopo sono strettamente connesse tra loro ed il tutto accade in modo talmente semplice da essere disarmante!

Abbiamo lasciato i nostri ragazzi che studiavano insieme e sono convinto che, se pur stanchi, non avranno nessuna paura di non ricordare nulla o quasi ... In questi anni si affaccia la necessità di ricordare le prime formule. Nel caso di formule numeriche, abbiamo già appreso la conversione fonetica dei numeri, quindi non ci saranno grosse difficoltà, ma nel caso di formule alfanumeriche e con operatori?

Ci viene in aiuto una tecnica ampiamente utilizzata dai piloti, che avrai sicuramente sentito in qualche film...

ALFABETO FONETICO

qui Alfa, Foxtrot, Eco, 5 chiede auto-
rizzazione all'atterraggio!

Vuol dire che, il velivolo codice AFE5 sta chie-
dendo l'autorizzazione all'atterraggio!

Questo sistema, ampiamente utilizzato da milita-
ri e civili, può essere facilmente ricordato usando la
più classica delle tecniche di memoria ... la visualiz-
zazione per immagini!

Tutto ciò che dovrai fare è chiudere gli occhi e
visualizzare l'immagine che ti proporrò, che essendo
molto semplice potrai semplicemente ricordare
un'immagine simile che avrai sicuramente visto.

Per esempio, con la lettera "A" dovrai vedere
una vecchia Alfa Romeo. Chiudendo gli occhi immagina il colore dell'auto e il modello. Io immagino
quelle della polizia, di tanti anni fa, che si vedono
anche nei vecchi film italiani. Quelle vecchie "alfet-
te" verdi! Immagina le ruote, gli interni, qualsiasi
cosa aiuti a rafforzarne il ricordo.

Più avanti, con il passare del tempo, non avrai
più bisogno di fare tutto questo procedimento, alla
vista della lettera "A", saprai che si tratterà di una

Alfa Romeo ma sarà semplice perché ora ti sei impegnato!

Ora, leggi la lettera, l'immagine proposta, poi chiudi gli occhi ed osservala.

●●●

- A = ALFA immagine di una vecchia Alfa Romeo
- B = BRAVO il Bravo dei promessi sposi o il torero nell'arena.
- C = CHARLIE Charlie Chaplin
- D = DELTA Deltaplano
- E = ECO il classico fumetto dove una persona gridando dalla cima di una montagna sente la sua voce ripetersi all'infinito
- F = FATTORIA Una fattoria, con animali
- G = GOLF Campo da Golf
- H = HOTEL Un grande e favoloso hotel con tutti i lussi.
- I = INDIA Indiani che meditano, con vacche sacre sullo sfondo
- J = JUDO Il Judoka vestito con il suo classico kimono
- K = KILO Una bilancia con un peso da un Kilo
- L = LIMA Carcerato che vuole evadere, con una grossa lima o una lima dentro una torta
- M = MICROFONO Un microfono che invia la vostra voce a tutta la città ed oltre

• N = NOVEMBRE Giornata del 2 novembre: festa dei morti, quindi una lapide con un fantasma vicino

• O = OSCAR Cerimonia della consegna dei premi Oscar

• P = PAPA Il Papa in mezzo alla gente in Piazza San Pietro

• Q = QUADRO Il famoso quadro della Gioconda

• R = ROMA Il Colosseo, famosa struttura che rappresenta la città eterna

• S = SEGA Una grande sega per segare un albero che è cresciuto nella notte nel centro della stanza.

• T = TANGO Gara di ballo liscio, con persone che ballano il Tango

• U = UNIFORM Parata militare con molte persone in Uniforme

• V = VITTORIA Un corridore che taglia il traguardo o che riceve la medaglia alla fine della corsa

• W = WHISKEY Alcune bottiglie di Whiskey

• Y = YACHT Un bellissimo Yacht

• X = RAGGI X L'immagine di un uomo visto ai Raggi X

• Z = ZULU Alcuni Zulu in Africa

L'utilizzo dell'alfabeto fonetico è come sempre, associativo, ogni immagine creata dovrà essere associata all'altra in modo fantasioso e creativo sarà poi la capacità cognitiva a ricordarci la differenza tra una fantasia e la formula reale. Inoltre, l'alfabeto fonetico è solo una indicazione, in qualche caso possiamo inventarci altre cose, se queste rendono più semplice la memorizzazione un classico esempio è la formula dell'acido citrico

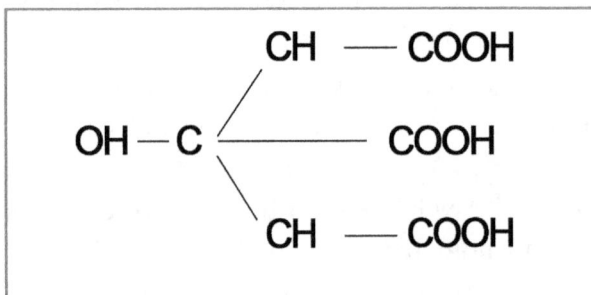

formula acido citrico

Partiamo dalle lettere da cui parte lo schema, le "HO". sembrano un'ottima esclamazione di partenza, quindi mi fanno pensare ad un uomo che grida: - "HO" ferme! - Osservandolo, vedo che è Charlie (Chaplin ndr.) Per la lettera "C" ... ed ora ulteriore fantasia.

Immagina che Charlie Chaplin (C)sia preoccupato perché due (2) mucche svizzere (CH) lo vogliono incornare, quindi il suo grido: OH era dovuto alla fuga ma, raggiunto, prendeva le mucche per le corna (certo le mucche non hanno le corna ma un pizzico di fantasia non fa male) le usava come microfoni ed urlava: *dov'è un cuoco? dov'è un cuoco? dov'è un cuoco?* (in inglese cook quindi per assonanza COOH).

Ora visualizza nuovamente la scena,

Senti un grido: OH è Charlie: C che fugge da due mucche svizzere CH2 ma viene raggiunto, quindi le prende per le corna usandole come microfoni e gridando: *dov'è un cuoco? dov'è un cuoco? dov'è un cuoco? per tre volte* COOH.

Le mucche impaurite gridano a loro volta COOH? *un cuoco?* e fuggono impaurite.

Lo so sembra una pazzia memorizzare una formula in questo modo, me lo ripeto dal 1985 c/a, quando in un corso di tecniche di memoria, a Torino, uno studente chiese all'istruttore come fare.

Prima di lanciarci nella memorizzazione di qualche formula, aggiungiamo gli operatori che spesso le completano.

GLI OPERATORI

Nelle formule, gli operatori sono spesso abbastanza semplici da ricordare, può essere sufficiente inventarsi qualcosa che li ricordi direttamente nella storiella che si sta sviluppando ma se desiderassi avere una base, puoi usare le *immagini* che ti propongo.

- : - *divisione* I fari di un'auto

- x - *moltiplicazione* Croce S. Andrea

- + - *addizione* Ambulanza (o Farmacia)

- - - *sottrazione* Una riga

- _ - *frazione* Un balcone o un'impalcatura a fianco di una casa

-√ - *radice* Una carota o un albero squadrato

- = - *uguale* una rotaia

-Xx - *potenza* Elevazione del simbolo precedente per il valore della potenza convertito foneticamente

- **SEN** - *seno* Seno di una signorina

- **COS** - *coseno* Seno dietro la schiena

- **TAN** - *tangente* Tangenziale

- **LOG** - *logaritmo* Fiat Ritmo

ed ora vediamo come ricordare le formule.

LE FORMULE

Lo scopo delle formule è indicare in forma abbreviata un calcolo complesso, quindi potresti ricordarle anche senza doverla memorizzare, ma se così non fosse, puoi utilizzare i trucchi che abbiamo visto fino ad ora, cambiando lettere e operatori a piacimento per ricordare la forma grafica della formula, ricordando cioè, solo ciò che si visualizza, non la sua funzione.

Vediamo qualche esempio con delle formule complesse.

Formula di prostaferesi

$$\operatorname{sen} p + \operatorname{sen} q = 2 \operatorname{sen} \frac{p+q}{2} \cos \frac{p-q}{2}$$

Tra il senatore punk (sen p) e il senatore quark (sen q) è ferma un'autoambulanza della croce rossa (+). Ritroviamo i 2 dopo la ferrovia (=). Tutta la scena si svolge su un laghetto, dove un cigno (2) trascina un senatore. Scortata da un altro cigno c'è

144

una zattera con sopra un punk ed un quark che girano un timone (p + q) per inseguire una cosa strana (cos) che insegue i loro amici punk e quark che tirano una fune (p - q) su l'altra zattera, scortata anch'essa da un cigno.

Calcolo del lotto economico d'acquisto

$$Q = \sqrt{\frac{2C_0\, u}{cu}}$$

In una fattoria, un maiale con il suo codino (Q) sta andando nella direzione opposta alla nostra. Dopo il sentiero (=) si erge un grande albero ($\sqrt{}$) che con i suoi rami e foglie, copre un pollaio diviso da una rete (__).Dietro la rete, un cigno (2) è inseguito da Charlie con un uovo (Co) che si era nascosto dentro una buca (u) (*o* con *l'Uniforme* da contadino). Dietro la rete, un sosia di Charlie nascosto nella buca, ma senza l'uovo (cu). (oppure sempre vestito con l'uniforme.

Volume del tronco di piramide retta
regolare a basi parallele

$$V = \frac{1}{3} h \left(A_B + A_{B1} + \sqrt{A_B \cdot A_{B1}} \right)$$

A_B = area base maggiore
A_{B1} = area base minore

Ho appena vinto una gara (vittoria=V) correndo oltre la ferrovia (=), sopra la quale, dalla mia teiera, al posto del te(1) esce un amo (3) con cui affacciandomi al balcone (__) riesco a pescare una sedia (h), su cui mi siedo soffio forte per spostare le tende ((*la parentesi*)e ammiro questa scena: Annabella (A_B) nuota verso una boa (+) dove incontra anche la figlia (A_{B1}). Insieme raggiungono un'altra boa (+) sulla quale è cresciuto un grosso albero ($\sqrt{\ }$). Le due si stendono sotto il grosso albero e mangiano una piccola focaccia (.) ed appena finita digerendo emettono un ruttino che fa chiudere le tende ( )).

Immagina di fare tutto questo con un piccolo gruppo di amici, mentre studiate per la prossima interrogazione! Divertimento e ricordo assicurato!

Qualcuno potrà affermare che lo studio è una cosa seria e non ci si dovrebbe divertire, ma lo è anche il gioco e i ragazzi lo fanno molto seriamente come, altrettanto seriamente, si divertono e apprendono, molto più velocemente di un adulto che ha smesso di divertirsi e ... spesso dice ai più giovani di smettere di giocare!

Università

se tutto il resto era difficile, questa come sarà? e se non bastasse devo cavarmela da solo!

Ed ora che faccio?

In qualche facoltà è subito necessario un esame, un test di ammissione e già li, da bravi animali sociali, ci si guarda attorno per cercare qualche volto noto ma la percentuale di studenti che si iscrivono all'università (nonostante sia leggermente aumentata negli ultimi anni) non è particolarmente alta, quindi la ricerca è spesso infruttuosa. Poco male, gli incaricati iniziano a spiegare il test e le regole, quindi ci si immerge subito in questo nuovo corso scolastico … da soli! Ci si accorge inoltre, che a differenza delle scuole precedenti, non si è assolutamente seguiti, ma non tutti i mali vengono per nuocere, poiché, quando inizierai a lavorare, riscontrerai lo stesso trattamento quindi puoi sfruttare questo nuovo metodo per abituarti a contare solo sulle tue forze e sulle tue motivazioni per ottenere dei validi risultati.

Non dovrai lasciare nulla al caso, volente o nolente ti sei preparato per anni ed ora devi scegliere il tuo futuro. A volte si segue per comodità e sicurezza la professione dei dei genitori in altri però si segue la propria passione ... a volte!

Come hai scelto la tua facoltà? E' realmente ciò che desideri per il tuo futuro? Chiudendo gli occhi riesci ad immaginarti come il professionista che nascerà da quel corso laurea?

O ti sei iscritto al primo corso di laurea con il nome interessante? ...*capita*! Se così fosse, preparati perché corri il rischio di entrare a far parte di quella maggioranza di studenti (oltre il 60%) che non arriveranno alla laurea.

La verità è che dovresti già sapere con precisione ciò che desideri per il tuo futuro e se anche nessuno ti avesse preparato, non puoi certo addossare la colpa unicamente ai tuoi professori o ai tuoi genitori, quindi inizia con il domandarti:

• quali erano le materie che ti piacevano di più alle superiori?

- cosa ti piacerebbe fare da grande?
- Che tipo di lavoro potrebbe darti delle soddisfazioni personali ed economiche?

Dopo aver risposto a queste domandi, cerca su internet, e trova tutte le informazioni possibili poi rivolgiti al COT (centro orientamento e tutorato) della facoltà scelta e subissali di domande. Ricorda che stai pianificando il tuo futuro e non ho mai conosciuto nessuno che decidesse a priori di prepararsi per un futuro monotono e triste per tutta la vita!

Ottenute le risposte, non fermarti, vai a parlare con i professionisti che si sono già laureati e lavorano nel settore scelto. Se ti presenti da loro, con tranquillità e onesta curiosità, ti risponderanno fornendo utilissimi consigli. Osserva i loro occhi e prenditi qualche giorno per assimilare ciò che avrai visto e sentito a livello inconscio, perché le passioni nascono da dentro e se ti avranno descritto il loro lavoro con amore, sarà facile comprenderlo. Ascolta le sensazioni che ti hanno suscitato, immaginati al loro posto e ... scegli senza mai dimenticare il motivo per cui avrai fatto quella scelta perché sarà la motivazione per superare quegli esami che inizialmente saranno difficili ... come lo erano, da bambino, i compiti delle elementari ma ora sai il motivo per cui stai studiando, per una tua scelta, per il tuo futuro!

L'avere un obiettivo, un motivo valido per andare avanti e sopportare periodi intensi, pesanti, difficili, è l'unica cosa che ci permette di non abbandonare. Lo psicologo Viktor Frankl, imprigionato in un campo di concentramento nazista durante la guerra, decise di non considerarsi solo una vittima, iniziando uno studio personale su quali fossero le caratteristiche psicologiche che caratterizzavano quei prigionieri che sopravvivevano agli stenti. Egli osservò che non era la forza, la salute o l'intelligenza, cose che venivano spezzate durante la prigionia, bensì coloro che avevano uno scopo per vivere, un sogno abbastanza grande e significativo. Un sogno che gli facesse desiderare ardentemente di superare ogni ostacolo. Erano i sogni a tenere in vita la gente. (logicamente non si parla di coloro che venivano brutalmente uccisi)

Il passo successivo, sarà la preparazione del piano di studi, non quello che si limita all'ordine cronologico degli esami ma quello necessario per superare brillantemente ogni singolo esame. Per molti sembreranno secoli ed avranno smesso di pensarci, ma ciò che fecero gli insegnanti durante gli anni delle elementari, medie e superiori, era proprio questo, dividere ogni capitolo in singole informazioni, approfondite durante le lezioni.

Se hai preso delle lezioni private, avrai notato che in poco tempo, riuscivi a studiare il programma di molti giorni. La disponibilità della persona che ti stava aiutando, la tua predisposizione e concentrazione, data dallo studiare con un'altra persona, ti consentivano dei risultati incredibili, tanto da chiedersi: *"perché non studiare tutto così? In poco tempo e senza sforzi eccessivi finirei con il massimo dei voti!"*

L'idea è proprio questa, riuscire ad ottenere gli stessi risultati ma studiando per conto proprio! Certo, studiare in gruppo è sempre consigliabile per i suoi vantaggi, ma non essendo sempre possibile, dovrai cercare altre soluzioni, quindi dovrai imparare a gestire i tempi di studio per ogni singolo esame, come facevano le maestre alle elementari ed a questo aggiungere ciò che hai appreso fino ad ora con i metodi di studio per superare ogni singolo esame.

GESTIONE DEGLI ESAMI

Immagina se, in una classe delle scuole dell'obbligo, venisse detto che per terminare il programma di una determinata materia, dovranno studiare per 1 ora al giorno per ogni giorno "scolastico"! Dopo un primo stupore, ci si renderebbe ben presto conto che non è male come idea e si potrebbe iniziare. Capita che, durante quell'ora, mentre si studia, si venga disturbati da altri compagni che non capiscono chiaramente cosa gli viene spiegato. Altre volte il professore ritarda o impegni inderogabili lo costringono a saltare la lezione, fino a quando, alla fine dell'anno scolastico, ci si accorge di essere in ritardo, ben distanti dall'aver completato il programma!

Ora riporta tutto al tuo prossimo esame, se hai deciso di impegnarti una o due ore al giorno per il prossimo mese, hai calcolato bene anche eventuali imprevisti? Oppure hai semplicemente decretato che ... tanto con 2 ore al giorno copro facilmente tutto l'esame! Forse! Ma in realtà hai solo dato del tempo e non organizzato il lavoro in base all'obbiettivo, ma in base al tempo che gli dedicherai!

Dividendo il lavoro in ore è facile dire: *Oggi studio 4 ore invece di 2*! Il problema è la qualità di quanto si farà durante quelle ore. Potrai studiare tutte le ore che vuoi in modo svogliato, senza apprendere nulla ma se utilizzi il vero scopo, il reale metro di lavoro, ovvero le cose da fare, la quantità di pagine di un libro o meglio ancora i capitoli. Allora non ti potrai sbagliare. Quello va fatto e quello studierai. Il nostro cervello non vuole cose incomplete, quindi se hai deciso di studiare un capitolo in particolare o un numero preciso di pagine, quello ti sentirai di voler fare.

> *Ho un segreto da dirti ..... no non posso dirtelo.*
> *No? TU sei matto, adesso me lo dici, non lo dirò a nessuno ma non puoi farmi morire di curiosità!*

Quando si prepara un programma di studi, devono comunque essere presi in considerazione i giorni disponibili per la gestione generale dei tempi da assegnare ai vari compiti. E' inutile pensare di poter utilizzare tutti e 30 i giorni di un mese, perché inevitabilmente ci si troverà a dover recuperare giorni persi! Quindi in un mese vanno tolti tutti i sabati e le domeniche, ottenendo 22 giorni disponibili (30gg meno 4 sabati e 4 domeniche di media). Se il libro su cui studiare è composto da 300 pagine si potranno studiare 15 pagine al giorno per 20 giorni e lasciare gli ultimi 2 giorni per ripassare tutto.

Tutto questo in fondo è abbastanza semplice, ma non è stato utilizzato nulla di ciò che fino ad oggi hai appreso con i metodi di studio. In pratica iniziare con le basi, le cose più semplici da ricordare ed in seguito approfondire, per poi concludere la fase di studio con la memorizzazione delle cose tecniche, come codici e formule.

Se dovessi completare un puzzle molto grande e complesso, inizieresti da un anonimo pezzo preso a caso? Sicuramente no, inizieresti con il cercare gli angoli e poi tutti i bordi. Aiutandoti con l'immagine completa, presente sulla scatola, avresti chiaro l'obiettivo finale e procedendo dalle parti più semplici andresti via via a completare le parti interne e complesse. Eventuali pezzi, monocolore o eccessivamente anonimi saranno messi da una parte fin quando il quadro generale ne permetterà una facile identificazione.

Nello studio invece ci si comporta come se, partendo da un pezzo a caso del puzzle si tentasse di ampliarlo cercando tutti i pezzi, complessi o meno, che lo circondano. E' normale impiegare moltissimo tempo per completarlo ... ed è quello che accade solitamente, studiando le formule, i codici e quanto altro di tecnico, senza aver prima compreso i concetti che li hanno sviluppati.

Anche se non approfonditamente, conosci la materia, sai di cosa parla, sai quali argomenti tratterà, quindi hai già l'immagine finale, devi aggiungere gli angoli del puzzle ed i bordi.

> *Se la materia è letterale, tipo filosofia, la affronterai in un modo, se tecnica, tipo chimica o fisica ecc. in un altro.*

Nel primo caso dovrai leggere e visualizzare per studiare nel secondo dovrai comprendere le parti e poi convertirle in codici e formule. Spetta comunque a te decidere come studiare e dovrai farlo prima di iniziare e non un semplice: - aprire il libro e studiare.

In procedimento può essere sintetizzato:

Ottenere un quadro generale del libro studiando la prefazione ed il sommario. Il sommario può essere studiato leggendo i titoli dei capitolo e sotto-capitoli, *deducendo*, cosa vi troverai scritto. Questo lavoro può essere fatto utilizzando il metodo di appunti descritto in precedenza, il metodo Cornell.

Se qualcosa non ti fosse chiara dal sommario del tuo libro, vai alla pagina indicata del capitolo o sotto-capitolo e leggi le prime 5 righe. Saranno sufficienti a farti capire cosa ti sarà spiegato.

Finito tutto questo, per il quale servirà almeno una sessione di lavoro di 3-4 pomodori potrai procedere a.... *girare tutti i pezzi del puzzle per il verso giusto*, se hai imparato a leggere velocemente, questo sarà il momento migliore per farlo.

Leggendo velocemente il libro, potrai verificare la correttezza di quanto fatto con il sommario, aggiungendo, se ce ne fosse bisogno, ulteriori informazioni allo schema iniziale. Tutto questo per la fase successiva: cominciare a sistemare i pezzi interni del puzzle.

Utilizzando il metodo Cornell prenderai appunti leggendo il libro, le cose tecniche possono essere aggiunte direttamente sul foglio e ripassate o memorizzate mnemonicamente al termine della sessione di studio quotidiana, cioè quando dovrai ripassare ciò che hai fatto durante il giorno su tutti i *fogli Cornell* redatti.

Il giorno dopo, la prima cosa da fare sarà quella di sviluppare delle parole chiave sul lato sinistro dei *fogli Cornell* scritti il giorno prima e una piccola descrizione, in basso, in ogni singolo foglio. In questo modo si otterrà il triplice beneficio del ripasso, della stesura delle parole chiave e del recupero per ricominciare da dove avevamo lasciato, in pratica riprendendo il filo logico della sessione precedente ed una migliore concentrazione.

Al termine di questa fase, che logicamente è la più lunga, si potrà tornare sui fogli appunti e con le parole chiave sviluppare una mappa generale della materia, che potrai utilizzare per ripassare in qualunque momento, anche prima di dare l'esame!

Nel caso di materia tecnica, può essere complicato utilizzare la lettura veloce, quindi si può passare direttamente al passo successivo.

Ricapitolando:

• Studio del sommario e deduzione approfondita

• Lettura veloce del testo

• Studio del testo con metodo Cornell (ogni giorno di lavoro inizia con il ripasso e completamento degli appunti precedenti e si conclude con un ripasso veloce degli appunti sviluppati durante la giornata).

• Ripasso generale e sviluppo di una mappa mentale

Se volessimo fare un esempio chiarificatore, potremmo dire che, dovendo studiare un libro di 300 pagine dovremo dividere i tempi in questo modo:

studio sommario e deduzione dai 4 a 6 pomodori

lettura veloce del testo 4 pomodori (prevedendo eventuali correzioni della fase precedente)

volendo studiare solo 30 pagine al giorno, serviranno solo 2 pomodori per 10 giorni, durante i quali studiare 15 pagine.

Il ripasso generale sui fogli appunti e sviluppo della mappa, con eventuali verifiche sul testo nel caso di dubbi, può essere fatto dai 4 agli 8 pomodori, quindi uno o due giorni!

Se i libri sono più di uno e l'esame è complesso, sarà sufficiente aumentare il numero di pagine quotidiane. In fondo, anche studiando 4 ore al giorno non sarebbe particolarmente impegnativo.

Per quanto mi riguarda, se per un esame ho bisogno di più libri, trattando lo stesso argomento, sviluppo inizialmente i sommari, poi passo a leggere velocemente il testo prima di uno e poi dell'altro. Poi approfondisco. In pratica li tratto come un unico libro. Capiterà spesso di leggere le stesse informazioni su entrambe i libri e studiandoli singolarmente corro il rischio di inutili ripetizioni al posto di utili approfondimenti.

Un paio di giorni prima dell'esame, sarà sufficiente ripassare utilizzando la mappa e se servisse, approfondire sui fogli appunti.

Il giorno dell'esame, portandoti dietro la mappa, avrai tutto ciò di cui hai bisogno per superare l'esame!

Gestendo ogni singolo esame con un piano ben preciso, non lascerai nulla al caso a tutto guadagno dei tuoi studi e di qualsiasi altro interesse.

In qualche caso però, soprattutto il primo anno e per i primi esami universitari per aiutare le matricole ad entrare nell'ottica della nuova organizzazione, si ha l'obbligo di frequenza, diventa quindi necessario imparare a prendere gli appunti dal vivo e ... lo sai già fare! ... buon vecchio metodo Cornell continua ad aiutarci.

Prendere appunti live

Ricordo che tanti anni fa era normale vedere il professore con una decina di registratori sulla sua cattedra. In questo modo lo studente poteva riascoltare più volte la lezione per studiarla perfettamente ma .... sarebbe più giusto dire: *tentare memorizzarla*! In qualche caso, ancora oggi, vedo utilizzare telefoni e quanto altro di digitale sia utile allo scopo, ma apprendendo delle semplici regole è possibile sfruttare il metodo Cornell come si fa con i libri.

Durante una lezione dal vivo, inevitabilmente verrà citata una parola o un concetto chiave ed è questa che dovrà essere segnata sul nostro foglio appunti. Tutto ciò che devi fare è imparare a riconoscere quando stanno per essere citati i concetti chiave, cosa che, ti accorgerai, è abbastanza scontata. Inoltre, sapendo di doverli cercare ci predisponiamo mentalmente mettendo in allerta i nostri sensi. Ti è sicuramente capitato, mentre spiegavi qualcosa di dire: *"ricordati bene che...., in conclusione, ciò che devi capire è ....* " In pratica hai avvisato il tuo interlocutore che stai per dire qualcosa di importante.

Un elenco più esaustivo potrebbe essere:

- **Parole che introducono esempi**:

per illustrare...; per semplificare...; per citare...:
se usata durante una lezione significa che il professore vuol chiarire il punto appena trattato.

- **Parole che specificano relazioni temporali**:

prima; prima di; dopo; anteriormente; successivamente; nel frattempo: sta per essere enunciata una relazione in termini di tempo. Che cosa viene prima e che cosa viene dopo? Che cosa accade in mezzo?

- **Parole che segnalano un'aggiunta**:

inoltre; in aggiunta; a maggior ragione; e anche; bisogna anche considerare che...: ciò che verrà enunciato rappresenta un'aggiunta, un completamento di quello che è stato appena detto.

- **Parole che definiscono una relazione di causa ed effetto**:

perciò; come risultato; se...allora; così; di conseguenza...: vengono sottolineate delle relazioni di causa e effetto. È meglio trascrivere l'effetto negli appunti; si potrà poi collegare l'effetto con la causa.

- **Parole che segnalano un contrasto**:

da un altro punto di vista; per contro; al contrario; pro e contro...: l'argomento ha un risvolto diverso, l'altra faccia della medaglia.

- **Le parole di elenco**:

i quattro punti...; primo, secondo, terzo...; e poi; finalmente ...: questi punti sono importanti, altrimenti non sarebbero stati enumerati in ordine, con precisione.

- **Parole di enfasi**:

il più importante...; soprattutto; ricordati questo...; un aspetto centrale...: inviti espliciti a ricordare certi aspetti.

- **Parole di ripetizione, delucidazione**:

in altre parole; in parole povere; significa semplicemente; ciò è; brevemente; in sostanza: ciò che segue spiega in maniera più semplice un concetto complesso.

- **Parole perno**:

comunque; ciononostante; già; ma; ancora: sono avvisi che c'è qualche piccolo dubbio, precisazione circa quanto appena svolto.

- **Parole di concessione**:

sicuramente; naturalmente; invece; sebbene: sono simili alle parole perno... rappresentano delle precisazioni.

- **Parole che introducono una sintesi**:

in poche parole; riassumendo; in conclusione: si tratta di un riassunto. È meglio trascrivere puntualmente.

- **Parole di collegamento o analogia**:

ciò assomiglia a...; è del tutto analogo/a...; cosa vi fa venire in mente...: si sta cercando di istituire un collegamento con qualcosa che dovrebbe essere già noto.

- **Parole di indizio per l'esame**:

Ciò è importante; questo punto è da ricordare; attento alla trappola: questi sono argomenti di possibili domande d'esame; conviene studiare bene!

All'inizio può capitare di scriverne più di quante siano necessarie ma al primo controllo sarà possibile correggere con facilità.

Durante una lezione senza un metodo adeguato servirebbero notevoli capacità stenografiche, di contro, in questo modo, diventa tutto molto più semplice e se avrai fatto pratica con i libri (ed il metodo Cornell) ti servirà pochissimo tempo per ripassare la lezione una volta tornato a casa, quando con calma, dovrai valutare e migliorare quanto scritto durante la lezione sviluppandone delle parole chiave.

Tieni presente che, quando utilizzerai quelle parole chiave per sviluppare una mappa, per la sua natura gerarchico-associativa, eventuali parole che potresti aver dimenticato, ti torneranno in mente per completare l'informazione che altrimenti sarebbe *orfana*, senza ulteriori collegamenti.

CONCENTRATI E SEMINA

La mente è come un paracadute,
funziona solo se si apre.

Albert Einstein

Uno dei maggiori problemi nello studio è la stessa paura di non riuscire a superare l'esame, che le cose da studiare siano oltre le nostre possibilità e, qualche volta, di sentirsi addirittura inadeguati al ruolo che si è scelto di seguire. Rilassati, tra te ed il più grande genio la differenza è data esclusivamente da come vi siete applicati! Quando la maestra avvisa i propri alunni che l'anno sarà difficile, questi non possono far altro che credergli poiché non hanno altri metri di giudizio. Quando iniziano a studiare cose più complesse, si accorgono che la maestra aveva ragione ... anche se hanno studiato brillantemente il giudizio rimane! Alcuni però, accorgendosi delle difficoltà, unite all'avviso delle maestre ... si accorgono che è realmente impossibile, quindi ... improvvisi mal di testa, di pancia, di stomaco o strane sensazioni generali consigliano di saltare la scuola!

Cosa accade quando un universitario o un professionista deve affrontare una prova ritenuta difficile? Te lo immagini che strilla ed urla che non vuole studiare perché ha mal di pancia o decide di saltare il lavoro perché ha un gran mal di testa?

Il nervosismo, la paura di non farcela, di affrontare una cosa oltre le nostre capacità, provoca lo "stress", uno dei mali più diffusi in assoluto e sopratutto da coloro che vorrebbero fare cose totalmente diverse da quelle che sono tenuti a fare in quel momento!

> *Vorrei giocare alla play, ma devo studiare!* oppure *Dovrei studiare invece che giocare alla play!*

Maggiore è lo stress e minore è il grado di concentrazione che si riesce ad ottenere e se la tecnica del pomodoro non riesce a risolvere il problema, devi imparare a rilassarti.

Immagina il nostro cervello come una città e le connessioni tra cellule come le strade e i vicoli. Il tuo compito è di ritirare e consegnare informazioni/pacchi nei vari punti della città e fino a quando le strade sono libere dal traffico riesci a svolgere tutto abbastanza velocemente. Entri ed esci dai vicoli più stretti senza problemi ma ogni tanto il traffico aumenta e contemporaneamente ti vengono commissionate molte consegne e ritiri. Per svolgerli tutti ti dividi causando ancora più traffico. Alcune strade sono talmente piene che non riesci ad uscirne ed occupano tutta la tua attenzione. Alcuni vicoli e strade sembrano irraggiungibili a causa del traffico intenso, tanto che sembra impossibile riuscire a farlo sparire nel giro di poco tempo. Mentre ti muovi per la città dirigendoti verso la nuova consegna, qualcuno ti chiama per un ritiro o per ricordarti che dovevi consegnare qualcosa anche a lui... un vero incubo!

Più cresciamo e maggiore è il numero di cose che dobbiamo fare/risolvere. Lo studente ha tanti impegni, sta crescendo e ciò che fa ora saranno le basi per il suo futuro sociale. L'adulto che lavora e vorrebbe tornare a studiare, lo fa pensando alle bollette da pagare, al dentista per il figlio, all'auto da riparare a ..

Quando alcune di queste cose richiedono più tempo del previsto e la soluzione richiede di "infilarsi in molte stradine", si crea un traffico insostenibile, la soluzione è un controllore che gestisca il traffico facendo muovere le cose più urgenti e poi le più importanti.

Logicamente non possiamo inserire un vigile nel nostro cervello, ma possiamo ridurre il traffico calmando e concentrandoci con delle tecniche di rilassamento.

Negli anni scorsi ci fu un'esplosione di centri yoga per rigenerarsi *psichicamente* ed oggi sono presenti tantissimi tipi di SPA, con aree relax dove rilassare corpo ed aprire la mente.

Come rilassarsi

Esistono diversi metodi per rilassarsi e tutti raggiungono lo stesso scopo, qualcuno in modo più profondo altri meno in base alle esigenze, al tipo di utilizzo che se ne deve fare. Nel corso di tecniche di memoria, sia dal vivo che in quello da scaricare dal mio sito web (www.mnemonia.net ... lasciami fare un po di pubblicità) una delle prime lezioni è proprio un rilassamento, che verrà riutilizzato anche nelle lezioni successive per aumentare la concentrazione ed apprendere più facilmente le varie tecniche, quindi perché non sfruttarlo anche in tutte le tue sessioni di studio?

Non dovrai sforzarti di per ottenere un risultato, perché non c'è nessun risultato da ottenere, devi semplicemente mettere a tacere quelle vocine che ti vorrebbero a fare dell'altro!

Nel nostro caso, potremmo dividere l'esercizio in 3 fasi:

1. Rilassamento corporeo
2. Rilassamento mentale
3. Stabilizzazione dei cicli mentali su di un livello ottimale per il tempo necessario allo scopo.

Approfondendo le tre fasi:

1. Nella prima fase, chiudendo gli occhi è sufficiente pensare, sentire, i muscoli, gli organi e quelle parti del corpo a cui non si fa caso durante la veglia, come i polmoni mentre si riempiono di aria, la lingua, sempre in tensione che tocca il palato superiore, quindi rilassarla riportandola su quello inferiore. Le palpebre e la fronte sempre tirata a formare quelle rughe di espressione, tutti i muscoli facciali. Scendendo, i muscoli del collo, delle spalle, del busto fino ad arrivare ai piedi. Tutti i muscoli, sono spesso in tensione e solo *ascoltandoli* possiamo rilassarli. Quando avrai rilassato tutto il corpo passa al rilassamento mentale. Questa fase può essere ridotta nel caso ci si trovasse in pubblico ... potrebbe provocare un certo disappunto mostrarsi completamente rilassati!

2. Nella seconda seconda fase, immagina una scena che hai vissuto, qualcosa di piacevole. Immagina di essere in quella scena , osserva ciò che hai intorno e poi .... blocca tutto, fai diventare tutto una enorme fotografia dove tu sarai la sola persona animata. Osserva tutti i particolari e passa al punto successivo.

3. A questo punto si è già rilassati quindi rimanendo in questo stato per qualche secondo si potranno assaporare le sensazioni.

Rilassati

E importante avere una buona postura, durante il rilassamento può capitare di addormentarsi, quindi sedersi comodi previene eventuali fastidi. La schiena e le spalle ben diritte nella posa chiamata "del postiglione" (il conducente delle carrozze che guidava i cavalli rimanendo seduto diritto ed impettito), in

questo modo, se anche dovessi addormentarti, la testa non ti ciondolerebbe in avanti o indietro! Slaccia
qualsiasi cosa ti stringa, come lacci delle scarpe, cin-
tura, cravatta. Eventualmente togli gli occhiali e crea
un'associazione mentale con il rilassamento unendo
pollice indice e medio (vedi l'immagine). Lo scopo
è di creare una specie di chiave d'ingresso, un modo
per dire al tuo cervello che stai per rilassarti ed iniziare le varie fasi.

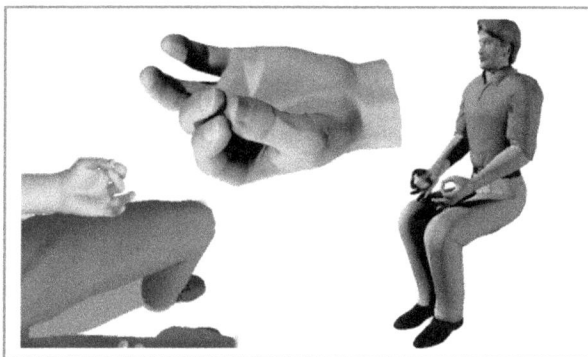

Dopo queste semplice indicazioni, puoi procedere con il rilassamento:

●●●

Chiudi gli occhi ed immagina di essere di fronte ad un grande schermo cinematografico. Al centro appare e scompare per tre volte un enorme numero 3 rosso alla sua scomparsa definitiva inizi a concentrarti sui tuoi capelli, poi sulla fronte ed a rilassare quelle rughe di espressione alle quali non facciamo neanche più caso. Scendendo sentirai i tuoi occhi il naso la bocca con le labbra, i denti e la lingua che solitamente tocca il palato mentre si è svegli e attivi, quindi la rilasserai sulla base. A questo punto sentirai la tua testa molto rilassata e procederai con il collo poi le spalle il petto, le braccia e scendendo le mani. Se riesci senti i muscoli interni e la peluria sulle braccia. Continua con il resto del corpo, ascoltando e rilassando gli organi interni ed una volta arrivato alla punta dei piedi, immagina una intensa luce bianca che ti ... lava dalla punta dei piedi fino alla cima della testa. Un piacevole brivido ti percorre la spina dorsale. Ascolta ancora il tuo corpo rilassato e poi torna nuovamente di fronte al grande schermo ed osserva apparire e scomparire, un enorme numero 2 rosso. Al termine immagina una scena che hai vissuto o di essere in un enorme prato. In entrambe i casi osserva le persone o l'erba muoversi, le voci ed i suoni poi, ad un tratto, tutto si ferma e rimane assolutamente immobile come una enorme foto.

Torna di fronte allo schermo e vedi apparire e sparire per tre volte un enorme numero 1 rosso. A questo punto torna a sentire tutto il tuo corpo, assapora questa sensazione per qualche istante, sentirai la tua mente vagare ed è quello il momento durante il quale, ci si trova nella fase REM. Quello è il momento in cui potremmo cercare le nostre soluzioni e dare una direzione alle nostre emozioni, instaurando la consapevolezza di ciò che stiamo facendo e nel nostro caso, ottenere quella maggiore concentrazione per risolvere gli obiettivi o più semplicemente quella materia da studiare.

●●●

Durante quella fase, è possibile "programmarsi". Detto così può sembrare brutto ma è la migliore definizione che indichi il lavoro da fare per concentrarsi sui propri obiettivi e rilassarsi, togliendo di mezzo quei problemi che ci assillano! Perché quando si è rilassati il nostro cervello lavora molto più tranquillamente, si concentra sulle cose da fare in quel momento e non sulle cose possibili e impossibili da risolvere in futuro.

Quando si utilizza un file audio, un rilassamento guidato, può capitare di addormentarsi, ma non preoccuparti se il rilassamento è ben fatto l'esercizio avrà comunque svolto il suo compito. A riprova del fatto che pur essendosi addormentati l'esercizio è stato seguito per intero... ci si sveglia nel momento esatto che termina il file audio!

Inoltre, quando ci troviamo ad un livello cerebrale più rilassato, la nostra creatività si muove liberamente, come per i bambini i cui cicli mentali sono più bassi, toccano raramente picchi stressanti, riuscendo a dedicarsi interamente a ciò che li interessa principalmente. Si concentrano in modo invidiabile sui loro giochi ed imparano in modo esponenziale rispetto ad un adulto. In effetti la genialità di ognuno è data dall'utilizzo di entrambi gli emisferi cerebrali ed è la creatività che è assolutamente necessaria per i metodi di studio, per le tecniche di memoria e per superare la monotonia di qualsiasi lavoro tu sia chiamato a svolgere.

Puoi scaricare un ottimo rilassamento guidato dal sito www.migliorati.org. Oltre a molte altre risorse interessanti ed utili, il rilassamento a disposizione degli utenti è quanto di meglio si possa ottenere ... ed è gratuito.

CREATIVITÀ

Era un bambino difficile e lento nell'apprendimento. Il suo sviluppo procedeva lentamente anche a causa della dislessia che gli causava una notevole difficoltà nel leggere e parlare. Tutti quelli che lo conoscevano erano convinti che non avrebbe mai combinato nulla. A sette anni, vederlo ripetere lentamente tra se e se le cose che pronunciava, anche se si trattava di cose ricorrenti e banali non lo facevano di certo sembrare "normale". Negli anni le cose cambiarono leggermente, tanto da permettergli di riuscire a terminare gli studi, ma gli insegnanti non prevedevano nulla di interessante per lui. Quello di greco gli disse a chiare lettere che non si aspettava che avrebbe mai potuto combinare nulla di buono e per questo, non ottenne nessun incarico accademico e tantomeno una raccomandazione per un lavoro decente. Sembrava la via per una vita mediocre e dovette accontentarsi di un lavoretto semplice.

Anni dopo affermò, che il ritardo nella crescita lo aiutò notevolmente, perché poté sfruttare in età avanzata la creatività solitamente usata dai bambini, cosa che in precedenza non ebbe mai potuto fare, e per questo, intorno ai 20 anni, iniziò a sognare ad occhi aperti su come sarebbe potuto essere correre come un novello Flash Gordon, a fianco di un raggio di luce. Alla velocità della luce! Un adulto che si ponesse questa folle domanda la reprimerebbe, dimenticandola, per tornare subito al suo lavoro, ma quel giovane continuò a sognare continuando a domandarselo, anzi, aumentò il numero di domande per 10 anni, fino a quando, nell'estate del 1905, quel giovane pubblicò la sua Teoria Speciale della Relatività contenente la famosa formula E=mc2.

Dopo meno di 20 anni ed un premio Nobel, il giovane Albert era diventato una celebrità internazionale ed i suoi misteriosi occhi, i folti baffi e la chioma scomposta di capelli grigi sono ancora la quintessenza dell'immagine del GENIO! Il suo nome è ancora sinonimo di intelligenza fuori del comune!

Il ritardo nello sviluppo lo costrinse a comportarsi come un bambino per molti anni, continuando ad utilizzare insieme fantasia e razionalità. Come i bambini che osservando i cartoni animati fantasticando sull'essere quell'eroe o quella principessa, così Einsten fantasticò per decenni e nel farlo creava delle connessioni tra i suoi emisferi cerebrali, connessioni che aumentavano la sua capacità intellettiva.

L'utilizzo della creatività e della razionalità è dato dalle funzioni dei nostri due emisferi cerebrali, i quali "dialogano" tra loro attraverso un enorme fascio di fibre che li uniscono. Poiché nella parte finale dell'encefalo le fibre nervose si incrociano, l'emisfero sinistro controlla i movimenti e la sensibilità della parte destra del corpo e viceversa per l'emisfero destro.

Ogni emisfero ha una serie di compiti o più precisamente, risiedono una serie di funzioni particolari:

L'emisfero sinistro si occupa di tutte le cose razionali che facciamo:

- Tratta gli impulsi uno alla volta
- Tratta le informazioni in ordine logico
- Controlla le espressioni verbali (la grammatica e l'ordine delle parole)
- Analizza, valuta, critica
- Ha una memoria speciale per riconoscere persone, oggetti
- Controlla le informazioni verbali e matematiche

Invece, l'emisfero destro si occupa della nostra parte creativa:

- Pensa per immagini, visualizza

- Tratta l'insieme, non i dettagli

- Controlla le espressioni del corpo, i movimenti e l'attività fisica (sport, ballo...)

- Controlla le attività artistiche (il disegno e la pittura)

- Ha una memoria speciale il riconoscimento di parole e numeri.

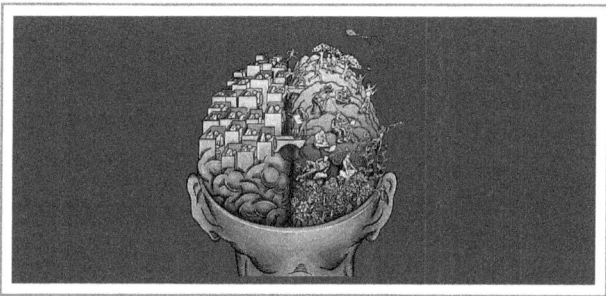

Utilizzando simultaneamente entrambe gli emisferi, si creano delle connessioni che consentono una maggiore circolazione elettrica e quindi una migliore elasticità mentale, ottenendo un accesso immediato alle informazioni memorizzate anche molto tempo prima ma per farlo, per unire i due emisferi è indispensabile utilizzare la fantasia, la creatività con la razionalità.

Non si smette di ridere perché si invecchia, si invecchia perché si smette di ridere!

Non dobbiamo fare molta fatica per riconoscere le persone che hanno sognato ed a dispetto di tutto hanno realizzato i propri sogni: *Steve Jobs* con la Apple, *Larry Page* e *Sergey Brin* con Google, *Jeff Bezos* con Amazon e potremmo continuare citandone molti altri, tutte persone ritenute "sognatori".

Ero giovanissimo, avrò avuto al massimo 9 anni ma nonostante sia passato tanto tempo, ricordo ancora un, Topolino, il famoso giornalino a fumetti. All'interno, tra una storia e l'altra, c'era un articolo sulle auto elettriche e più precisamente su di una corsa che era stata organizzata con questo tipo di vetture. L'autore dell'articolo definiva "sognatori" coloro che avevano perso tanto tempo a creare quelle vetture che difficilmente avremmo mai potuto utilizzare .... una delle auto più belle che abbia potuto vedere è la "Tesla model S" e la sua versione Roadster oltre ad essere paragonabile ad un Porsche per prestazioni è già ampiamente distribuita. La Tesla Motors produce solo auto elettriche ed attualmente, anche le più famose e storiche aziende automobilistiche hanno messo in commercio o hanno allo studio. auto ibride e/o esclusivamente elettriche.

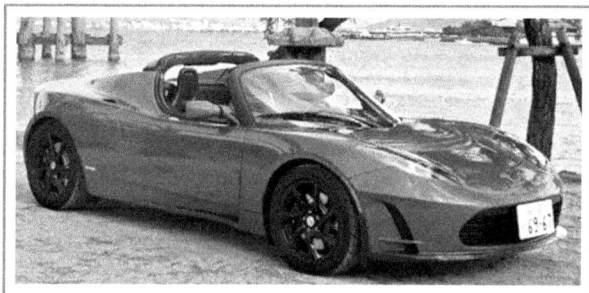

Tesla Roadster

A volte l'uomo inciampa nella verità, ma nella maggior parte dei casi, si rialza e cammina per la sua strada.

Winston Churchill

SVILUPPARE LA CREATIVITÀ

Ricordi quando hai imparato ad andare in bicicletta rimanendo in bilico sulle due ruote? A distanza di anni il cervello può aver smesso di pensare a quali cose fosse necessario fare per rimanere in equilibrio ma ciò non toglie che, in pochi minuti saresti nuovamente in grado di recuperare tutte le vecchie capacità di guida.

Le connessioni cerebrali non si cancellano, più realisticamente si "nascondono" per poi tornare attive in base alle necessità.

La stessa cosa accade con la creatività, presente in ognuno di noi sin da bambini. Le influenze esterne possono averne ridotto l'utilizzo e quindi relegata in un angolo remoto del cervello ma c'è, e con qualche piccolo trucco (che spesso usiamo inconsapevolmente) possiamo *rinvigorirla*. Ad esempio, quando si ascolta una notizia in TV o dopo aver fatto qualcosa riuscita male, si cerca di immaginare cosa sarebbe successo se: *avessi/avessero fatto questo ...,* *se non fosse stata presente quella persona, se avessi* *adottato quell'altra soluzione...*

Questo sistema, chiamato "mentalità controfattuale, è un ottimo esercizio per la creatività (ed aumenta di qualche punto il QI personale) perché collega fantasia con fatti reali, creatività con razionalità, emisfero destro con il sinistro.

Tutto ciò che desideriamo risolvere si impadronisce della nostra attenzione, incanalando le nostre energie. Utilizzando questo sistema, spostiamo l'attenzione dai dettagli alla sostanza sviluppando, anche in questo modo, una notevole creatività e soluzioni alternative. Più o meno ciò che accade con una seduta di brainstorming, dove un gruppo di persone, riunite in gruppo, prendendo spunto da ciò che hanno a disposizione (fantasia, giornali, riviste ecc.), forniscono centinaia di soluzioni ad un determinato problema. Tra tutte le soluzioni, perlopiù assurde , ce ne sarà qualcuna veramente innovativa, la soluzione perfetta!

L'elasticità mentale, è in pratica un balletto tra i nostri due emisferi cerebrali. Giocare e divertirsi ma ... molto seriamente!

Un esercizio molto interessante che ha dato dei risultati fuori dal comune è l'image streaming, una tecnica sviluppata da Win Wenger e Richard Poe, ben descritta nel loro libro: "il fattore Einstein" (ed. NLP Italy)

IMAGE STREAMING

Da molto tempo che Elias Howe non riusciva a trovare una soluzione alla sua nuova invenzione! Era fermo e non riusciva a farla funzionare a dovere, ogni volta che tentava di cucire qualcosa, i fili si legavano tra loro in modo inutile e la stoffa non veniva cucita, ma solo bucata! Non riusciva a trovare una valida soluzione e seppur con riluttanza decise di andare a dormire. Nella notte gli incubi iniziarono a tormentarlo, schiere di cannibali lo inseguivano così vicino che riusciva a vedere il luccichio delle punte delle loro lance. Terrorizzato continuava a fuggire da quel pericolo sempre più vicino, quelle lance con ... un buco sulla punta! In quel momento si sveglio ansimando per la paura e si rese conto cosa cercava di dirgli quell'incubo! Era la soluzione che cercava da tempo, doveva semplicemente spostare la cruna dell'ago dalla parte terminale alla punta per far funzionare la sua invenzione.

Grazie al sogno di Howe, nacque la prima macchina da cucire.

Quando sogniamo, durante la fase REM, il nostro cervello riesce ad attingere ad informazioni sepolte nella nostra memoria, che unite a capacità deduttive e fantasiose, fanno di *semplici* sogni delle soluzioni innovative. Non dobbiamo necessariamente inventare qualcosa, ma sfruttare ed aumentare le nostre capacità intellettive non può che migliorarci e la tecnica dell'Image streaming, oltre ad essere molto semplice è anche divertente ed utile.

L'esercizio è simile a ciò che accade con i sogni, quando, da un oggetto qualsiasi nasce una vera e propria storia, come nel caso del sogno di Howe e i suoi cannibali. Nel sogno lui fece caso alle punte delle lance e con quelle scoprì la soluzione che stava cercando da tempo, ma se si fosse fermato ai cannibali l'invenzione della macchina da cucire sarebbe stata rimandata quindi tutti i particolari saranno importanti!

Tutti noi sogniamo, è una necessità del nostro cervello che non si spegne mai. Molti non ricordano i propri sogni perché non dando mai peso alle proprie fantasie, hanno attivato una sorta di repressore interno, che al mattino cancella i sogni fatti perché ritenuti inutili.

Per ricordare i tuoi sogni, munisciti di un foglio di carta e di una penna. Appena ti svegli, che sia durante la notte o al mattino, scrivi le prime cose che ricordi del tuo sogno. Ben presto il cervello riterrà utile i sogni e pian piano ti accorgerai di ricordarli tutti perfettamente ... anche quelli fatti durante la notte.

Per fare l'esercizio è sufficiente iniziare immaginando un qualsiasi oggetto, descrivendolo a voce alta per registrare la nostra voce o per farci ascoltare da chi ci sta aiutando.

Lasciando l'oggetto muoversi, modificarsi nella sua forma, sarà la nostra mente a guidarlo. Non dovremo in nessun modo pilotare l'animazione o non otterremo il risultato sperato.

Inizia dal rilassamento, ed arrivato al punto più profondo, poniti la domanda alla quale cerchi una risposta. Se non hai grandi domande, scegline una a caso, solo per effettuare l'esercizio. Dopo esserti posto la domanda, scegli un oggetto qualsiasi, una mela, il fuoco nel camino o un animale e lascia vagare la mente descrivendo a voce alta ed al presente ciò che stai osservando, utilizzando tutti e cinque i sensi.

E' importante effettuare questo esercizio a voce alta perché in questo modo potrai registrarti (o essere ascoltato da altri) e successivamente valutare ciò che avevi "visto".

Se ad esempio vedessi una montagna con la neve, dovresti descriverne la consistenza, il sapore, la temperatura, il colore, i suoni, l'odore. Aggiungi anche che tipo di emozione ti trasmette.

Fornire le descrizioni per tutti i sensi, necessita la connessione di entrambi gli emisferi cerebrali e l'aggiunta delle emozioni rafforza la capacità di ricordare.

Per comprendere quanto sia utile descrivere dettagliatamente ciò che vedi con l'immaginazione, fai questo esercizio.

Osserva la stanza in cui ti trovi e registrando la tua voce o scrivendo su di un foglio, descrivi l'angolo sinistro, descrivi i colori, la posizione degli oggetti nello spazio, la loro consistenza e la forma ciò che trasmettono emozionalmente ed eventualmente ciò che ti ricordano.

Poi passa all'angolo destro e descrivi tutto con termini astratti, tipo: "c'è una sedia scura vicino al muro, un quadro appeso poco sopra" senza descrivere nulla riguardo all'apparenza o alle sensazioni suscitate da quell'oggetto. Il tutto non durerà più di 5/10 minuti ed al termine osserva i risultati. Quale delle due descrizioni trasmette più cose riguardo a quell'esperienza? Quale è più interessante?

Se pensi di non riuscire a visualizzare nulla, fai parte di quella percentuale di persone che hanno perso questa abitudine ma.. è un'abitudine e quindi può essere recuperata con un po di esercizio, più o meno come se dovessi salire su una bicicletta dopo tanti anni!

Inizia visualizzando ciò che conosci bene,oppure da una foto. Osservala e poi con quell'immagine di fronte chiudi gli occhi ed inizia a fantasticare. Puoi immaginare il Colosseo, la torre di Pisa, il duomo di Milano, il San Carlo di Napoli o da qualche oggetto presente nella stanza dove ti trovi in questo momento.

Partendo da un oggetto conosciuto e da una domanda alla quale stai cercando risposta, con la pratica, il cervello ti guiderà verso soluzioni possibili, come avvenne per Howe e la sua macchina da cucire ma anche il semplice aumento delle connessioni cerebrali, può essere un buon motivo per farlo ogni tanto.

Le regole per questo esercizio sono solo 3, ma sarebbe meglio definirle "leggi" data la loro importanza:

Regole Image Streaming

1. Tutto ciò che vedi deve essere descritto ad alta voce, con un registratore o ad un'altra persona.

2. Devi utilizzare tutti e 5 i sensi e le emozioni che trasmettono le immagini.

3. Tutte le descrizioni devono essere al presente.

La qualità di questo esercizio è data dal fatto che, le descrizioni vengono effettuate utilizzando entrambi gli emisferi, sviluppando dei collegamenti cerebrali che aumentano il QI e l'elasticità mentale. Sono sufficienti 5 minuti al giorno ma sempre a voce alta, o sarebbe solo un ottimo sistema per addormentarsi!

L'elasticità mentale, la creatività, è indispensabile per le tecniche di memoria, per le quali, molto spesso, serve "giocare" con ciò che si deve memorizzare, senza dimenticarne l'importanza, come ad esempio le associazioni mnemoniche ma è la stessa

elasticità che negli anni ci aiuta a trovare quelle soluzione che di tanto in tanto siamo obbligati a cercare.

DIAMO L'ESAME

Applicando i metodi appresi dalle elementari ad oggi, tutto ciò che abbiamo studiato negli anni è stato appreso e studiato perfettamente. a volte può capitare di dimenticarne qualcosa, ma un semplice aiutino, ricevuto tramite una delle mappe mentali o qualsiasi altro appunto, consentirà di completare immediatamente ogni lacuna.

Studiare significa acquisire le informazioni, farle proprie per poterle utilizzare ogni volta che si presenta l'occasione, per questo motivo è indispensabile evitare di evidenziare ogni pagina del libro da studiare ma solo le parole chiave, così come gli appunti, che devono aiutare a recuperare le informazioni nella memoria e sostituirle, cosa che accade quando si scrivono dei veri e propri riassunti!

Molte persone sono talmente abituate ad utilizzare le calcolatrici, che senza si sentono perse e per questo non riescono facilmente a fare quei calcoli che un ragazzo delle medie riesce a fare a mente. Allo stesso modo, se per tanto tempo non utilizzi tutta la tua memoria, è normale che possa diventare difficile, quindi ricomincia sfruttando i metodi appresi. All'inizio potrebbe sembrarti impegnativo ma anche andare in bici all'inizio è complesso, poi togli le rotelline e ti chiedi: "perché non l'ho fatto prima?".

I metodi fin qui descritti sono quanto di meglio tu, oggi, possa utilizzare per studiare più facilmente. Tra qualche anno scopriremo altri metodi in seguito a nuove scoperte sul nostro cervello e la capacità di immagazzinare e gestire le informazioni ed avendo già delle ottime basi non farai nessuna fatica ad implementarle perché, come diceva il grande Edoardo De Filippo .... gli esami non finiscono mai.

Buon divertimento
Alessandro Nacinelli

Abbiamo parlato anche di

A volte ho parlato di alcune tecniche mnemoniche, metodi o semplici curiosità, senza approfondire, altre mi hanno affascinato ma in generale, alcune di queste, potrebbero essere utili per studiare o per il tuo lavoro e per queste le ho inserite a fine libro. Buona lettura.

Obiettivi

Un giorno di un pomeriggio piovoso, un bimbo di 15 anni si sedette al suo tavolo da cucina. Prese un foglio e scrisse nella parte superiore: "My Life List". Sotto questa voce scrisse 127 obiettivi. Non erano obiettivi semplici o facili, Tra questi vi erano obiettivi come: scalare le montagne più importanti del mondo, esplorare i fiumi più luoghi dalla sorgente alla foce, correre il miglio in 5 minuti e leggere l'intera Enciclopedia Britannica.

Era il 1940 e da allora ha completato 109 di questi obiettivi. Il LA Times lo ha definito " il vero Indiana Jones".

Se sai veramente quali cose vuoi ottenere dalla vita, è incredibile come le opportunità arriveranno per permetterti di averle.

Johnn M. Goddard

Se vuoi visualizzare la sua lista di desideri visita il suo sito: www.johngoddard.info

Sai cosa desideri per la tua vita? E' chiaro nella tua mente o procedi giorno per giorno?

> *Sono stati scritti centinaia di libri su questo argomento che molto spesso viene bistrattato, eppure tutti gli studenti hanno fatto parte dell'obiettivo di professori, quindi perché non approfondire un poco, almeno per capire di cosa stiamo parlando!*

Ti è mai capitato di desiderare tanto un'auto e poi vederla ovunque? Sembra che dal momento che ha iniziato a piacerti, questa piaccia a tutti e ne abbiano vendute tantissime. Una moda?

No! In realtà, quando ci concentriamo su qualcosa, quando le nostre emozioni *vedono* un oggetto come importante per placare alcune necessità, mettono in allerta alcune sentinelle che tramite la vista danno la caccia a quel determinato oggetto. Questa particolarità viene definita SAR e più precisamente "Sistema di attivazione reticolare".

Ricordo che quando stava per nascere mio figlio ero talmente preso ed eccitato che vedevo pancioni ovunque. Avevo l'impressione che fossimo in una esplosione demografica! Nulla di più falso, la mai SAR era attiva.

Quando decidiamo i nostri obiettivi, non è sufficiente scriverli, ma dobbiamo dargli una motivazione, un perché abbastanza forte e potente da attivare la nostra SAR. Gli obiettivi stessi devono essere realmente interessanti ed utili per te altrimenti saranno accantonati entrando a far parte delle cose non portate a termine!

Se hai paura del sangue e desideri una sfida con te stesso, potresti decidere di diventare chirurgo, ma impiegheresti anni per una cosa che non ti piace ed alla fine cosa otterresti? un lavoro per altri magnifico ma per te frustrante!

Inizia con lo scrivere le cose che ti piacciono, i tuoi interessi personali, cosa ti rende felice. Quali cose osservi con piacere? Quali emozioni ti provocano? Vorresti poter fare lo stesso?

Poi immagina di saper fare quelle cose e descrivi come ti sentiresti nell'esserne in grado. Se le emozioni che ti provoca immaginare di saper fare quelle cose, sono abbastanza forti, al passo successivo scrivi gli obiettivi da raggiungere per imparare ed il tempo necessario.

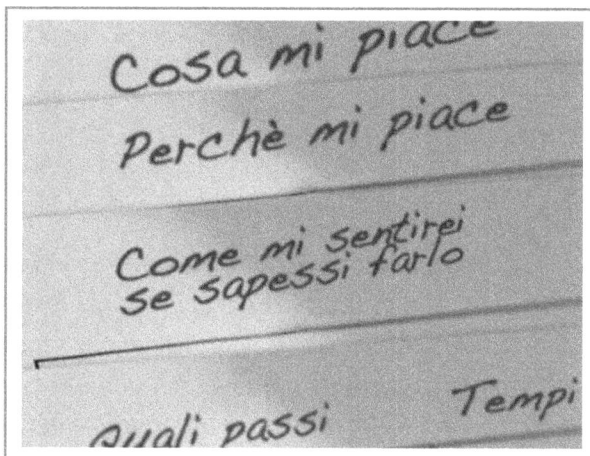

Cosa mi piace
Perchè mi piace
Come mi sentirei
se sapessi farlo
Quali passi   Tempi

Tutto ciò è descritto e spiegato in corsi professionali da molti formatori, uno tra tutti Roberto Re che distribuisce dei video molto interessanti per insegnare "il metodo OSA", Obiettivo Scopo Azione.

Logicamente puoi fare una ricerca con google che ormai è una vera e propria miniera d'oro per le informazioni ma spesso una fossa biologica, quindi valuta sempre con attenzione e cerca più fonti.

Lo sviluppo cerebrale

Perché ci distraiamo così facilmente?
In fondo il nostro cervello fa il suo
dovere, pensa alla sopravvivenza e se
non siamo convinti noi che ciò che
studiamo è necessario alla nostra
sopravvivenza, perché dovrebbero
esserlo i singoli organi?

Il cervello umano, con il suo 1,5kg c/a di cellule e umori nervosi è grande quasi il triplo di qualsiasi altro primate non umano e Daniel Goleman, nel suo"Intelligenza emotiva" (BUR saggi) ricostruisce lo sviluppo cerebrale mostrando in modo inequivocabile come nell'arco di milioni di anni il cervello si sia sviluppato dalle aree inferiori, quelle che l'uomo ha in comune con tutte le specie umane, il tronco cerebrale, il quale regola le funzioni vegetative fondamentali come il respiro, il metabolismo degli organi inoltre, controlla le reazioni dei movimenti stereotipati

Questo "cervello" non sembra in grado di pensare e apprendere, piuttosto di regolare alcuni centri nevralgici che gestiscono il corretto funzionamento e l'appropriata reattività dell'organismo, per assicurarne la sopravvivenza

Nell'era dei rettili dominava questo tipo di cervello e tutt'oggi, possiamo vederlo in funzione quando, sentitosi minacciato, il serpente inizia a sibilare. Non deve pensarlo, non è voluto è automatico come per noi respirare!

Da questa struttura, si evolverono i primi centri emozionali, necessari alla sopravvivenza, ed a seguire (la faccio breve), milioni di anni dopo, le aree del cervello pensante, ossia la neocorteccia, quella grande massa di tessuto nervoso che costituisce i livelli cerebrali superiori, quelli che gestiscono la razionalità. Già ora è il caso di notare una cosa importante: la mente razionale si è evoluta dai centri emozionali. In pratica, prima di prendere qualsiasi decisione razionale, le nostre emozioni pretenderanno la dovuta attenzione e ... spesso l'avranno vinta!

Considerate voi stessi in qual rapporto Giove abbia distribuito agli uomini ragione e passione. Sarebbe come paragonare una semioncia ad un'asse. Giove alla ragione ha messo contro due nemici accaniti: l'ira e la concupiscenza. Con quanto successo

la ragione contrasti questi due nemi-
ci, basta a dimostrarlo la vita di tutti
i giorni. Tutto il suo potere si esauri-
sce nell'arrochirsi a predicare i co-
mandamenti dell'onestà, mentre ira e
lussuria tendono tranelli alla loro
regina, con tanto strepitio e clamore
che quella, stanca, infine si arrende
e cede le armi.

Erasmo da Rotterdam (umanista del
XVI secolo)

Con la comparsa dei primi mammiferi, nel cervello crebbero nuovi livelli attorno al tronco encefalico, per questo motivo vennero chiamati "ad anello", in latino: "limbus" e quindi, "sistema limbico". Questo territorio neurale assunse ed aggiunse le emozioni.

Se prima provando un emozione qualsiasi l'unica risposta era percepibile come il sibilo del serpente, ora il sistema limbico poteva "dialogare" con il resto del cervello, facendo partire una serie di impulsi atti a muovere o a modificare il normale afflusso sanguigno, per irrorare maggiormente le zone esposte! Per esempio: "la paura" che rende più semplice la fuga, irrorando maggiormente l'afflusso di sangue alle gambe o il terrore che paralizza temporaneamente tutto il corpo mostrandoci come morti ed irrorando al tempo stesso cervello ed occhi in cerca di una via di uscita possibile.

Se durante la visione di un film horror, in un momento particolarmente pauroso, qualcuno ti toccasse la spalla con una mano (gli scherzi che si fanno da giovani ... e non solo!), e facessi un salto sulla sedia urlando come un disperato dalla paura, non preoccuparti è solo il sistema limbico che risponde!! (buono a saperlo ma la figura l'avrai ormai fatta).

Come evitare di fare il salto sulla sedia ed urlare? E' sufficiente non farsi coinvolgere emotivamente dal film, questo accade per le menti razionali. Ma eccedere nella razionalità non è naturale!

Per evitare di fare salti inutili, il cervello doveva imparare a riconoscere (il film è un falso) e ricordare, in modo che la volta successiva, l'esperienza venga riconosciuta e non subita nuovamente. Per questo il sistema limbico perfezionò due nuovi strumenti: l'apprendimento e la memoria.

Con questi strumenti le scelte per la sopravvivenza erano più intelligenti. Se un tipo di cibo si era rivelato nocivo, la volta successiva poteva essere evitato. Una cosa che prima aveva terrorizzato ora poteva essere ricordata come una preda che si difendeva!

Il compito di riconoscere il cibo fu demandato ad un organo indispensabile in quelle ere ancestrali ma anche oggi ampiamente utilizzato (spesso inconsa-pevolmente): il bulbo olfattivo. Di fondamentale importanza, perché ogni essere vivente, commestibi-le o velenoso, partner sessuale, predatore o preda, ha una sua marcatura molecolare distintiva, che può essere trasportata dal vento e così riconosciuta a di-stanza, confrontandola e valutandola con quanto presente nella memoria.

Tutti questi ricordi, catalogati in base alle emo-zioni che suscitavano, permisero lo sviluppo di un "magazzino" dove riporli.

Questa continua valutazione emotiva, sviluppò un ulteriore organo, la neocorteccia tramite la quale lo sviluppo cerebrale iniziò a progredire molto più rapidamente, poiché, tramite questa, fu possibile una regolazione *fine*, consentendo una programmazione a lungo termine, come l'escogitare strategie mentali ed altri espedienti. Le strutture limbiche generano le passioni, i sentimenti di piacere e desiderio, ma fu l'aggiunta della neocorteccia e delle sue connessioni con il sistema limbico a permettere l'aggiunta di molte sfumature.

Come dai colori base si ottengono tutti i colori derivati, così dalle emozioni di base si crearono una serie di sfumature. Per esempio, la Gelosia è un mi-sto di: paura, tristezza e collera che a volte sfocia in rabbia! Ma principalmente, quello che oggi riconosciamo come il principale legame affettivo: "madre-figlio", un misto di amore e sicurezza in grado di curare la paura, la tristezza e molti altri sintomi!

Prima di questa emozione, legame, eravamo come i rettili, che abbandonano i figli appena nati e questi scappano dagli adulti per paura di essere mangiati.

Aumentando la massa della neocorteccia, aumentarono le risposte agli stimoli. Se prima la risposta alla paura o al terrore era l'immobilismo (molti animali si fingono morti per non farsi mangiare), ora venivano apprese nuove possibilità di risposta ... oggi possiamo anche rispondere chiamando il 113!

Tutte le emozioni giocano quindi un ruolo fondamentale nel nostro sviluppo mentale. Possiamo cercare di reprimerle ma il più delle volte lavorando in profondità minano o esaltano le nostre sicurezze.

Le emozioni sono parte della nostra natura, mentre la razionalità cresce con l'età!

La neocorteccia, depositaria delle informazioni deve comunque rispondere al sistema limbico che gestisce le emozioni.

Immagina questa scena. Sei totalmente concentrato sul tuo obiettivo (il prossimo esame o sul lavoro), ma hai alcune cose che ti frullano per la testa, come l'ultimo litigio con il tuo partner! Non vi siete ancora chiariti e quel/quella disgraziata ancora non chiama per chiedere scusa! *Ma io non mollo, tanto più che ho da fare, devo preparare l'esame, peggio per lei/lui! Anzi, fammi tornare a studiare così non ci penso, ben gli sta*! dopo 5 minuti alzi lo sguardo pensando che sia passata una mezz'ora con in testa l'idea che ... vuoi vedere che mentre io sto qui a studiare lei/lui si sta divertendo? Poi senti squillare il telefono ed hai già pronta la risposta che merita!

In questi casi, il corpo da una parte è pronto a schizzare in avanti per rispondere e sfogarsi, dall'altra pronto a rilassarsi per aver vinto "finalmente ha chiamato" Le risposte a questo turbinio di emozioni, sono date dalle amigdale che ricevono le informazioni un millesimo di secondo prima del cervello razionale che, a seconda delle circostanze, inviano degli impulsi in base alle azioni da svolgere. In pratica il sistema limbico assume il controllo, dando un ordine ai suoi generali, le amigdale appunto, che mettono in allerta i soldati, i vari organi, per fare maggiore attenzione a ciò che accadrà!

Nel caso dello squillare del telefono, subito si pensa a cosa si dirà a quella persona che ci sta facendo stare così male! Oppure gli occhi, che si posano su di un oggetto che ci ricorda quella persona! (attivato dalla SAR)

Alzi il telefono pronto ad inveire ed al tempo stesso a sentire le assurde scuse che ti saranno propinate ma ... "mi scusi, ho sbagliato numero!" .... Truppe a riposo! Spalle! spingere le braccia a terra in segno di sconforto!

L'amigdala è a tutti gli effetti una sentinella, senza la quale non proveremmo sentimenti. In alcuni pazienti a cui era stata asportata, era stata riscontrata una totale apatia, potevano riconoscere parenti ma non provavano assolutamente nulla anche se questi si disperavano davanti ai loro occhi nel vederli in quello stato!

In pratica, attraverso i 5 sensi le informazioni entrano nel nostro cervello, passando per l'ippocampo, un organo preposto al riconoscimento e l'amigdala, che si occupa di valutare il tipo di informazione.

Il neurobiologo Joseph LeDoux spiega così la differenza tra l'ippocampo e l'amigdala: "L'ippocampo è fondamentale per riconoscere in un volto quello di tua cugina ma è l'amigdala ad aggiungere che ti è proprio antipatica!"

Impulsi all'azione

Ogni tipo di emozione invia dei segnali al nostro corpo. Alcune sono buone e ci mettono in condizioni fisiche ottimali, altre invece ci debilitano fisicamente. Riconoscerle può aiutarci a non comportarci come una coda che scodinzola il cane.

E' l'amigdala che decide cosa fare in base all'emozione che gli viene presentata. Spesso però, essendo gli esseri umani, l'unica specie in grado di emozionarsi sui propri sogni e pensieri, siamo noi stessi ad attivare quegli impulsi senza che nulla attorno a noi li abbia richiamati.

- **Collera**

"mi ha fatto così arrabbiare che non mi sono trattenuto e gli ho dato un pugno!"

La collera fa affluire il sangue alle mani, rendendo più semplice sferrare un pugno o afferrare un'arma. La frequenza cardiaca aumenta e una scarica di ormoni (tra i quali l'adrenalina) generano un impulso abbastanza forte da permettere un'azione vigorosa.

- **Paura**

Molti animali, sopraffatti dalla paura, si fingono morti, rimanendo immobili di fronte al pericolo. Si immobilizzano riducendo al minimo anche la quantità di aria, respirando molto più lentamente per convincere il predatore della loro morte. Il sangue affluisce verso i grandi muscoli scheletrici (come le gambe) rendendo più facile la fuga, diminuendo l'irrorazione dal volto, il quale (nel nostro caso) diventa pallido, cadaverico.

I circuiti cerebrali preposti alla regolazione della vita emotiva scatenano un flusso di ormoni che mette l'organismo in uno stato generale di allerta, preparandolo all'azione e fissando l'attenzione sulla minaccia che incombe per valutare quale sia la risposta migliore.

- **Felicità**

Nella felicità, uno dei principali cambiamenti biologici sta nella maggiore attività di un centro cerebrale che inibisce i sentimenti negativi e aumenta la disponibilità di energia, insieme all'inibizione dei centri che generano pensieri angosciosi. Tuttavia, a parte uno stato di quiescenza che consente all'organismo di riprendersi più rapidamente dall'attivazione biologica causata da emozioni sconvolgenti, non si riscontrano particolari cambiamenti fisiologici. Questa configurazione offre all'organismo un generale riposo e lo rende non solo disponibile ed entusiasta nei riguardi di qualunque compito esso debba intraprendere ma anche pronto a battersi per gli obiettivi più diversi.

• **Amore**

I sentimenti di tenerezza e la soddisfazioni sessuale comportano il risveglio del sistema parasimpatico, in altre parole si tratta della mobilitazione opposta a quella che abbiamo visto nella reazione di "combattimento o fuga" tipica della paura e della collera. La modalità parasimpatica, che potremmo anche chiamare "risposta di rilassamento" si avvale di un insieme di reazioni che interessano tutto l'organismo e inducono uno stato generale di calma e soddisfazione tale da facilitare la cooperazione.

• **Sorpresa**

Nella sorpresa il sollevamento delle sopracciglia consente di avere una visuale più ampia e di far arrivare più luce sulla retina. Questo permette di raccogliere un maggior numero di informazioni sull'evento inatteso, contribuendo alla sua comprensione e facilitando la rapida formulazione del migliore piano d'azione.

• Disgusto

In tutto il mondo l'espressione di disgusto è la stessa e invia il medesimo messaggio: qualcosa offende il gusto o l'olfatto, anche metaforicamente. Come già osservato da Darwin, l'espressione facciale del disgusto (il labbro superiore sollevato lateralmente mentre il naso accenna ad arricciarsi) indica il tentativo primordiale di chiudere le narici colpite da un odore nocivo o di sputare un cibo velenoso.

• Tristezza

La tristezza ha la funzione fondamentale di farci adeguare a una perdita significativa, ad esempio a una grande delusione o alla morte di qualcuno che ci era particolarmente vicino. Essa comporta una caduta di energia ed entusiasmo verso le attività della vita (in particolare per le distrazioni e i piaceri) e quando diviene più profonda e si avvicina alla depressione ha l'effetto di rallentare il metabolismo. La chiusura in se stessi che accompagna la tristezza ci da la possibilità di elaborare il lutto per una perdita o per una speranza frustrata, di comprendere le conseguenze di tali eventi della nostra vita e quando le energie ritornano di essere pronti per nuovi progetti. Può darsi che un tempo questa caduta di energia servisse a tenere i primi esseri umani vicini ai loro rifugi (e quindi al sicuro) quando erano tristi e perciò più vulnerabili.

Gli impulsi, le informazioni che passano attraverso le amigdale vengono quindi catalogati in base alle emozioni ed associati alle informazioni già presenti nella memoria. Una mela avrà associazioni tipo: rossa come quelle che vidi a casa di mia madre 10 giorni fa, la consistenza è come quella che colsi dall'albero, il profumo è come le altre che ho comprato 2 giorni fa, la polpa .... tutte queste informazioni sono quindi frammentate e solo unite tra loro diventano "una mela".

DENDRITI E ASSONI

All'interno di quel grande archivio che è la neo-corteccia, tutte le informazioni vengono catalogate ed archiviate in base alle emozioni ed agli impulsi che scatenano!

Se in questo momento ricordassi un particolare che ti ha emozionato, sentiresti subito il tuo corpo rispondere a quello stimolo. Nello stesso modo, se ricordassi qualcosa che ti ha fatto profondamente arrabbiare, anche la risposta sarebbe adeguata!

Sono proprio i collegamenti che fecero l'essere umano più intelligente, più sono numerosi i collegamenti tra neuroni e maggiore è l'intelligenza di una persona!

LA SCOPERTA

Marian Diamond, una neuroanatomista dell'università della California, a Berkeley, dedicò la sua carriera a creare geni in laboratorio!

Solitamente si pensa che geni si nasca, ma la Diamond, in un famoso esperimento, mise un primo gruppo di topi in un ambiente super stimolante, con altalene, scale, ruote e giochi di ogni tipo ed un altro gruppo in semplici gabbie.

I topi che avevano tante distrazioni e stimoli, non solo raggiungevano l'eccezionale età di tre anni (l'equivalente dei nostri 90 anni), ma il loro cervello cresceva di dimensione rispetto ai topi che avevano vissuto nella gabbie senza stimoli.

In seguito, studiando le differenze nel cervello dei topi, vissuti nelle diverse gabbie e scoprì che il cervello dei topi più attivi aveva una maggiore quantità di collegamenti tra cellule nervose rispetto a quelli che avevano vissuto in normali gabbie e vita più breve (meno interessi, meno distrazioni, quindi vita più corta).

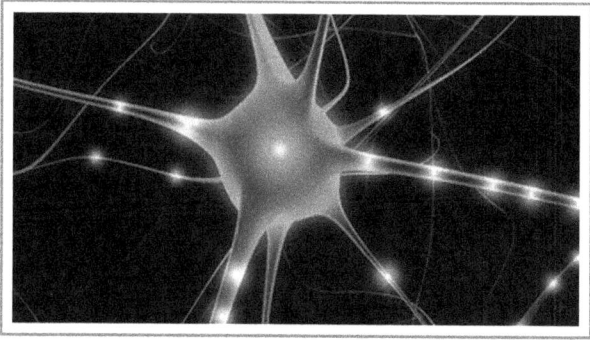

I collegamenti tra cellule sono formati da strutture affusolate, simili ad alberi con tronchi e rami che trasmettono segnali elettrici tra un neurone e l'altro, chiamati Dendriti e Assoni.

Aveva ottenuto la conferma di quanto altri neuroanatomisti affermavano, ovvero che il numero delle interconnessioni tra neuroni (dette sinapsi) era la reale misurazione del genio.

La Diamond aveva la necessità di una conferma ma dove trovare un genio disposto a far da cavia?

Si rivolse al dottor Thomas Harvey, il quale, per un puro caso era in servizio all'ospedale di Princeton nel 1955, quando morì Einstein e (si dice) senza chiedere il permesso alla famiglia prese l'iniziativa di rimuovere e mettere da parte il cervello dello scienziato, conservandolo in vasetti di formaldeide, studiandolo parte per parte e distribuendone piccoli pezzi ad altri ricercatori ed è così che, nei primi anni 80, la Diamond riuscì ad ottenerne un piccolo pezzo con il quale poté confermare quanto aveva scoperto con i suoi topi: maggiore è il numero di collegamenti tra neuroni e maggiore è l'elasticità mentale e la genialità di una persona.

I neuroni smettono di riprodursi dopo l'infanzia, ma gli assoni, i dendriti e le cellule gliali che costituiscono i collegamenti tra i neuroni, continuano a svilupparsi fino a quando continuiamo ad apprendere. Smettendo di apprendere, la nostra mente rimane inattiva ed i collegamenti avvizziscono e diminuiscono a poco a poco, fino a scomparire.

...Da qui la difficoltà per tutti coloro che riprendono gli studi dopo molto tempo.

Il cervello, come qualsiasi altro muscolo, più viene utilizzato e più si sviluppa, aumentando il numero di collegamenti, sotto forma di dendriti e assoni ma, in che modo possiamo rafforzarlo?

Se vuoi avere un bel fisico asciutto e muscoloso, mangerai 500g di pasta al giorno, accompagnata da un bel litro di chianti e per finire dolci e gelati a volontà? Oppure, farai ginnastica e seguirai una dieta apposita?

Esercizi come l'image streaming, metodi come le mappe mnemoniche, aumentano il numero di collegamenti tra cellule, consentendo migliori associazioni e più facili ricordi. E' più usata come battuta ma è innegabile: ...*Usalo, non si consuma!*

Metodo 6R

Il metodo 6R è il punto di partenza dei molti metodi di studio. Le 6 "R" sono le iniziali dei vari passaggi che devono essere effettuati per ottenere degli ottimi risultati nello studio.

Abbiamo già visto come prendere appunti con il metodo Cornell, quindi farò riferimento a quello durante questa piccola spiegazione.

Record (registra) = durante la lezione si registrano le idee ed i concetti. Nel nostro caso nella sezione di destra del foglio appunti.

Reduce (riduci, schematizza) = organizzare gli appunti, riducendo quanto scritto durante la sessione "dal vivo" sul foglio degli appunti, scrivendo eventuali domande e le parole chiave nella sezione di sinistra.

Recite (esporre) = controllare di aver fatto bene, esponendo quanto appresso nel migliore dei modi con parole proprie.

***Reflect** (rifletti)* = *Riflettere su quanto avrai scritto fino a quel momento, collegando gli ultimi appunti con gli altri creati in precedenza per lo stesso argomento, valutandone le relazioni e le associazioni. Questo tipo di riflessione ti aiuterà a ricordare più facilmente.*

***Review** (ripassa)* = *Ripassa velocemente. 10-15 minuti ogni giorno sono sufficienti per ricordare facilmente la materia anche dopo aver dato l'esame. Pochissimi lo fanno perché lo ritengono inutile, ma tutte le materie sono collegate tra loro ed averle sempre chiare in mente ti permetterà di associarle più facilmente.*

***Recapitulate** (riassumi)* = *Fai un riassunto della lezione. Nel nostro caso, potrai usare lo spazio in basso del nostro foglio appunti e su quello fare un breve riassunto di quanto scritto nella scheda.*

TECNICHE DI MEMORIA

Si hanno notizie delle tecniche di memoria sin dal 470 a.C. Cicerone, nel suo "De Oratore" narra, sotto forma di leggenda religiosa, l'invenzione di una tecnica mnemonica ad opera di Simonide di Ceo.

Durante un banchetto offerto da Scopa, un nobile tessalo della Tessalonica, l'attuale Salonicco in Grecia, il lirico e poeta Simonide di Ceo cantò una poesia in lode di Castore e Polluce. La lode non piacque al nobile Scopa, perché aveva osannato i due Dioscuri (figli di Zeus) e non il suo ospite. Come punizione gli avrebbe pagato solo metà del compenso e che, l'altra metà, l'avrebbe dovuta chiedere agli stessi Dioscuri di cui aveva cantato le tristi note!

Poco più tardi, durante il banchetto, Simonide venne avvisato che due giovani chiedevano di lui fuori della sala. Egli uscì ma non trovò nessuno e nel frattempo, mentre era fuori, il tetto della casa crollò seppellendo Scopa e i suoi convitati, rendendo in modo irriconoscibile i loro cadaveri. Durante la ricerca, Simonide riuscì ad identificarli rammentando l'ordine nel quale essi erano seduti a tavola, co-

*sicché si potessero restituire le salme ai rispettivi
parenti.*

Questo è ciò che racconta Cicerone nel suo "De
Oratore", attribuendo quindi a Simonide da Ceo la
tecnica che da secoli viene riconosciuta come: tecnica dei loci (luoghi ndr) utilizzata dallo stesso Cicerone per ricordare le sue lunghe orazioni.
In pratica, si deve associare una determinata informazione ad un "luogo" noto, per esempio le botte-
ghe che conducevano Cicerone dalla sua abitazione
al Senato oppure gli oggetti fissi nella nostra stanza.
"Fissi" perché è indispensabile averli tutti a disposizione per poter ricordare anche le cose associate.

Nei secoli a seguire, personaggi come Pico della Mi-
randola, Giordano Bruno, Liebniz (solo per citarne
alcuni), divennero famosi perché riuscirono nei propri studi anche utilizzando delle mnemotecniche.

In quei tempi solo alcuni privilegiati avevano la
possibilità di studiare e non avendo a disposizione
registratori, computer e tutte le utili comodità che
abbiamo oggi, i loro tutor insegnavano utilizzando
tecniche e metodi che permettevano di ricordare più
facilmente.

Oggi, un po' per abitudine, un po' perché le tecniche
di memoria sono spesso dipinte come superflue, non

vengono utilizzate ne tantomeno insegnate, fino a quando ci si ritrova a dover ricordare codici, formule e tutto ciò che non ha una forma ben visibile mentalmente.

SCHEDARIO MNEMONICO

Ho sentito spesso in televisione, citare " *i cassetti della memoria*". Definizione usata per descrivere i posti dove le informazioni verrebbero ordinate all'interno del nostro cervello! Sicuramente vengono archiviate, ma in modo *ordinato* è tutto da vedere!

Come insegnarono Simonide prima e Cicerone dopo, per ordinare le informazioni è necessario che queste vengano collocate in posti ....*noti*.

Lo scopo dello schedario mnemonico è quello di associare, tramite la tecnica spiegata in precedenza, una data informazione ad una scheda. IN questo modo, l'informazione sarà stata sistemata in modo ordinato e sicuro. Come il cassetto dei calzini che non viene confuso con quello delle camice!

Lo schedario è sviluppato utilizzando la conversione fonetica e la classica numerazione. In questo modo il numero di *cassetti/schede* è pressoché infinito.

Di seguito, troverai le prime 50 schede. Ogni scheda è un'immagine sviluppata utilizzando il suono fonetico della relativa numerazione.

num	img	num	img
1	the	26	noci
2	noè	27	nuca
3	amo	28	nave
4	re	29	nubi
5	leo	30	mazza
6	ciao	31	moto
7	oca	32	mano
8	uva	33	mamma
9	boa	34	muro
10	tazza	35	mela
11	dadi	36	micio
12	donna	37	mucca
13	dama	38	muffa
14	toro	39	mappa
15	tela	40	rosa
16	doccia	41	rete
17	tacco	42	rana
18	tuffo	43	arma
19	topo	44	Rolls Royce
20	naso	45	rullo
21	nido	46	raggio
22	nano	47	righe
23	nume	48	refe
24	nero	49	arpa
25	anello	50	lassie

Per memorizzare adeguatamente lo schedario mnemonico, dovrai visualizzare le immagini ricavate dalla conversione fonetica del numero e per associare le informazioni, dovrai sviluppare delle associazioni o piccole e veloci storielle con le schede e l'informazione da memorizzare.

Per approfondire ed imparare alla perfezione questa tecnica, ti consiglio il corso di tecniche di memoria disponibile su: www.mnemonia.net.

LETTURA VELOCE

Se sei in ritardo ad un appuntamento cosa fai? Cerchi di affrettarti accelerando il passo!

Uno sportivo ma anche una persona che allenata che fa spesso attività fisica, sarà in grado di variare, aumentando o diminuendo, la sua velocità e di sostenerla costantemente per molto più tempo di una persona che come unico sport sfoglia le pagine di un libro, solleva penne o pigia tasti! Giusto?

I nostri "muscoli oculari" sono esattamente come tutti gli altri muscoli, non alzeranno pesi ma l'elasticità nel saltare da una sillaba all'altra, da una parola all'altra sarà migliore di chi legge meno.

Purtroppo però, anche leggendo molto, ma sempre a velocità limitata, è come far andare un bimbo con le rotelle, senza mai toglierle. Certo, vedendo gli altri che non le utilizzano, qualche dubbio sulla loro necessità potrebbe venire ma .... attualmente ci troviamo nella condizione in cui la maggior parte di persone, anche se esperti lettori e studiosi (e dopo anni di scuola è dura dire di non essere esperti), usa ancora le rotelline! E' talmente abituato che ha un'inconscia paura che aumentando eccessivamente la sua velocità potrebbe cadere!

Nella realtà noi leggiamo quotidianamente a velocità molto elevate, ma non sui libri! Mentre guidiamo vediamo per pochi istanti delle frasi complete sui tabelloni, magari con la coda dell'occhio. Altre volte vediamo immagini complete per pochi istanti e siamo in grado di ricordarle perfettamente ma, quando torniamo sui libri, prevale la paura, quindi si rimettono velocemente le rotelline!

I nostri occhi leggono solo quando sono immobili, per constatarlo, utilizza un paio di righe di testo di un libro e facendole leggere a qualcuno, noterai che i suoi occhi si muovono a scatti. Tanti scatti! Per ogni movimento i suoi occhi leggeranno una sillaba, anche se è un professore, leggerà comunque sillabando, più o meno come faceva da bambino quando per imparare a leggere metteva il suo dito sulle sillabe! Ora ha tolto il dito, ma continua a sillabare!

Aumentare la velocità di lettura significa, logicamente, ampliare il campo visivo, dalle singole sillabe alle parole complete, fino ad arrivare ad intere righe di testo (con l'esercizio).

Immagina di guidare essere in auto, dietro il conducente che in autostrada cammina a 20 Kmh! Oltre a guardarti attorno distraendoti in continuazione, ben presto inizierai a stancarti. Probabilmente potresti essere anche più stressato che se foste andati a 100 Kmh. Alla fine il paesaggio non attirerebbe più la tua attenzione quanto al domanda ... *"quando arriviamo?"*.

Leggere velocemente, significa essere in grado di poter scegliere la velocità di lettura in base alle esigenze, con la conseguenza che anche la comprensione ne guadagnerà.

La velocità media di lettura di un normale lettore è di sole 150 PAM (Parole Al Minuto), ciò vuol dire che se la nostra capacità di lettura fosse di 1000 PAM, il nostro cervello dovrebbe occupare il tempo in eccesso dato dalle 850 PAM di differenza, per visualizzare e analizzare ciò che stiamo leggendo. In pratica mentre si legge un romanzo, oltre a leggere più velocemente, il nostro cervello utilizza quel tempo di dispersione per visualizzare i personaggi, analizzare le emozioni e molto altro. Quando si legge un testo di studio di qualcosa che ci interessa, ci si immagina mentre lo utilizziamo, mentre lo mettiamo in pratica ma ..... se accade con un testo noioso, il tempo di dispersione sarà tutto a favore della distrazione, leggendo la parola "mare", partiremmo con la fantasia rivedendo mentalmente l'ultima vacanza o la prossima e mentre sogniamo ad occhi aperti continuiamo a leggere!

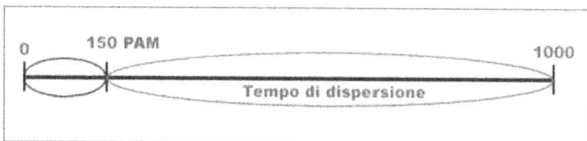

Se invece leggessimo lo stesso testo ad una velocità maggiore, per esempio a 700 PAM, il tempo di dispersione sarebbe molto piu basso, permettendoci una maggiore concentrazione, quindi una maggiore comprensione.

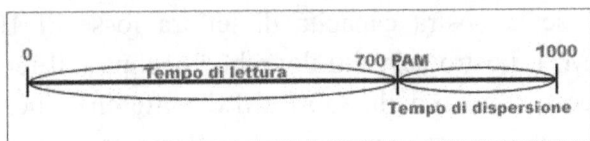

La velocità di 1000 PAM è puramente descrittiva, poiché imparando a leggere velocemente, il tipo di lettura varierà in base al tipo di testo che ci si trova davanti e da quanto ci si applica, esercitandosi, sia durante l'apprendimento che sfruttando la lettura veloce studiando.

Prima di tutto vediamo qual'è la tua attuale velocità di lettura

QUAL'È LA TUA VELOCITÀ DI LETTURA?

Quello che segue è il test della prima lezione del mio corso di lettura veloce. Siediti comodamente con volto diritto alle pagine. Quasi tutti abbiamo un cronometro sul telefono, ma se non fosse il tuo caso, limitati a guardare l'ora e poi inizia con la lettura. Al termine ti dirò come valutare la tua velocità.

------------------ Buona lettura ------------------

IL PROCESSO DELLA LETTURA

Vi sono diversi termini che possono aiutarvi a meglio comprendere l'attività della vostra mente durante la lettura. Questi non dovranno essere necessariamente studiati, basterà che ne prendiate nota nel modo seguente:

FISSITÀ: è la pausa che i vostri occhi effettuano nel corso della lettura, in cui sono captate intere porzioni della riga stampata.

MOVIMENTO DI RITORNO: è la veloce operazione che effettuate quando, terminata una riga, passate a quella successiva.

REGRESSIONE: è la rilettura di quei passi non del tutto chiari durante la prima lettura.

CAMPO DI PERCEZIONE: è il numero di simboli grafici che riuscite a percepire in ogni singolo momento di fissità.

CAPACITÀ DI COMPRENSIONE: è il numero di parole che riuscite ad interpretare in un momento di fissità.

Una descrizione sbrigativa di quanto avviene durante la lettura, avvalendosi della terminologia sopra citata, potrebbe essere la seguente: iniziando un paragrafo, per ogni momento di fissità, i vostri occhi seguono la linea, avanzando ed arrestandosi continuamente. Ad ogni stop disponete di un certo campo di percezione, e la lettura reale si verifica proprio durante queste brevi pause di fissità. La vostra capacità di comprensione, vale a dire la facoltà di interpretare ciò che è scritto, può equivalere al vostro campo di percezione, cioè al numero di parole attinte in un solo colpo d'occhio. Alla fine di ogni riga lo sguardo retrocede, i vostri occhi eseguono un rapido movimento all'indietro, onde poter iniziare a leggere la riga successiva. Ognuno di questi movimenti è definito **movimento di ritorno**. A volte vi può capitare di tornare a leggere interi periodi che avete già letto; quest'atto è definito **regressione.**

LA LETTURA VELOCE

I fini perseguiti da tutte le scuole di lettura rapida sono essenzialmente due:

1 - INCREMENTO DELLA VELOCITÀ DI LETTURA.

2 - AUMENTO DI ASSIMILAZIONE E COMPRENSIONE.

Per quanto possa apparire paradossale, è proprio fra le persone più intelligenti e preparate che si riscontrano mediamente le più grosse difficoltà nell'applicazione e quindi nel perfezionamento del metodo. Il motivo di un fatto apparentemente paradossale è in realtà molto semplice: quando ci si esercita nelle tecniche di lettura veloce si è facile preda di sentimenti quali ansia e precipitazione; questo può generare equivoci tra i quali il più frequente è quello di considerare la lettura veloce un artefatto superficiale, niente di più falso. I migliori lettori sono proprio quelli che leggono rapidamente. Il lettore rapido riconosce più velocemente i rapporti esistenti in un testo, e questo facilita la comprensione del contenuto. La casistica indica che i migliori risultati sono raggiunti da coloro che affrontano i corsi di lettura veloce, liberi da ogni preconcetto, oltre che, naturalmente, dalle persone più giovani, le quali contrariamente ai più anziani, sono meno condizionate dalle "cattive abitudini".

SAPER LEGGERE

Se chiediamo ad un individuo qualsiasi cosa voglia dire saper leggere, o se si ritiene personalmente in grado di farlo, otterremmo sicuramente delle risposte scontate o banali.

Per molti di noi la lettura è semplicemente quella tecnica particolare appresa fin dai primi giorni di scuola, la cui funzione primaria, oltre a quella di entrare in possesso di quel vasto patrimonio di informazioni che è la nostra cultura, è quello di distinguere gli "analfabeti" dalle persone cosiddette "colte".

Una simile definizione è da considerarsi a dir poco riduttiva, in quanto non considera il fatto che, anche tra chi ha imparato a leggere, possono esistere casi di "analfabetismo" nei confronti dei più elementari canoni di comprensione.

Va anche detto che, pur esistendo definizioni generiche del tipo "tecniche di lettura rapida", sono molte le modalità ed i ritmi che si possono adottare di volta in volta. Un professionista che consulti del materiale specialistico, inerente alla sua attività, sarà senz'altro più veloce di qualsiasi profano che voglia dedicarsi alla medesima azione. Va da sé che nel caso la lettura implichi un certo impegno causato da difficoltà di comprensione, essa andrà affrontata con maggior lentezza, allo scopo di capire bene ciò che si sta leggendo.

Nonostante la premessa che la capacità di leggere e comprendere rapidamente sia da considerarsi di per sé un fatto positivo, dobbiamo riconoscere che esistono territori particolari (cfr. la letteratura e la poesia), in cui la natura stessa del ritmo e dell'esposizione esigono un'attenzione ed un tempo di assimilazione particolari.

Uno dei problemi di maggior rilievo che tutti noi incontriamo nella lettura, risiede nella difficoltà di comprensione. La successione ideale per una lettura efficace potrebbe essere la seguente: LEGGERE-COMPRENDERE-RITENERE.

Durante questo corso affronterete alcuni esercizi che avranno lo scopo di misurare la vostra velocità di lettura in rapporto al vostro quoziente di comprensione del testo letto, al fine di stabilire un parametro di misurazione del vostro rendimento di lettura. Questo parametro ha un valore strettamente personale, e non è confrontabile con quello ottenuto da altri allievi dello stesso corso: vi servirà perciò esclusivamente per prendere coscienza dei vostri progressi personali da una lezione all'altra.

Per misurare la vostra **velocità di lettura** dovrete munirvi di un cronometro, prima di iniziare a leggere azzeratelo, quindi partite e leggete l'intero testo. Al termine della lettura prendete nota esattamente del tempo impiegato (durante il corso sarà l'istruttore a misurare i vostri tempi).

A questo punto controllate contandole, il numero di parole che componevano il testo; conoscendo il tempo impiegato per la lettura ed il numero di parole lette, potrete risalire tramite una semplice proporzione, al numero di parole lette al minuto. Il risultato sarà un numero che verrà denominato indice **P.A.M.** (Parole Al Minuto). Nei testi che leggeremo durante le lezioni questi calcoli saranno semplificati da apposite tabelle in cui compariranno i rispettivi valori.

Ed ora occupiamoci degli altri due aspetti inerenti la lettura, vale a dire la comprensione e la ritenzione.

La **Capacità di Comprensione** sarà determinata tramite un questionario relativo al testo appena letto: a ciascuna risposta esatta è assegnato un punteggio in percentuale; la somma di questo punteggio indicherà la vostra Capacità di Comprensione di quel testo. Se svolgerete quest'esercizio a casa, non disponendo di un questionario finale, per effettuare la valutazione dovrete cercare di riassumere il senso generale di ciò che avete letto, con l'ausilio di qualche parola chiave.

Valutata così anche la vostra Capacità di Comprensione, resta da stabilire il **Rendimento di Lettura**; anche in questo caso basterà un calcolo molto semplice: moltiplicate il P.A.M. (Parole Al Minuto) per il punteggio relativo alla Capacità di Comprensione **(CC)**, e dividete il risultato per 100. Il numero ottenuto sarà il parametro personale circa il Rendimento di Lettura: come vi è già stato detto non è possibile confrontare questo risultato con quello di altre persone; lo potrete infatti comparare solo ai vostri parametri, ottenuti precedentemente, o che otterrete in seguito.

IL CERVELLO COME TRADUTTORE

Ogni volta che ci troviamo di fronte ad un nuovo dato da interpretare, agiamo su un determinato supporto mentale, grazie al quale è possibile stabilire approssimativamente il significato del dato stesso. La successione naturale di questo processo è: Percezione-Elaborazione-Confronto. La nostra mente non riproduce le cose allo stesso modo in cui farebbe una macchina fotografica; il suo funzionamento, facendo un paragone più appropriato, è affine a quello di un meccanismo analogico, che da un insieme limitato di elementi salienti, ricostruisce deduttivamente l'immagine completa.

Per questo motivo il lettore esperto si guarderà bene dall'esaminare il significato di ogni parola: cercherà invece di individuare il senso globale del messaggio dell'autore. È tuttavia necessario precisare che in ogni testo esiste tutta una serie di parole (Parole Chiave) sulle quali è opportuno soffermarsi un po' più attentamente. Non sarà quindi necessario sforzarsi di ricordare per esteso il pensiero dell'autore, così come lo abbiamo letto: una volta assimilate le Parole Chiave, il cervello compenserà il difetto di immagine introducendo quella che riterrà la soluzione sostitutiva più probabile. Sarà lui stesso, in altre parole, ad effettuare il passaggio dal necessario all'indispensabile.

MECCANICA DELLA LETTURA

Diamo qui un elenco riassuntivo dei significati attribuiti al verbo leggere:

1 - Identificare ciascun vocabolo.

2 - Conoscere il significato di ogni singola parola.

3 - Comprendere le idee espresse dall'autore.

4 - Afferrare il carattere (connotazioni, tono) del testo scritto.

5 - Attribuire un'importanza variabile alle idee del testo.

6 - Applicare ed utilizzare le nozioni acquisite.

La lettura in altre parole costituisce uno dei mezzi più importanti per accedere ad una cultura. Ogni individuo, nel leggere, mette alla prova se stesso in qualità di essere pensante.

Occupiamoci ora di come avviene la lettura intesa come "esplorazione oculare".

Nel compiere qualunque operazione che richieda l'uso della vista, i nostri occhi compiono una serie molto complessa di movimenti da un punto all'altro di quelli che sono considerati gli "stimoli visivi", o oggetti di osservazione. In un certo senso, contrariamente a quanto comunemente si crede, l'occhio non scorre parola per parola, o sillaba per sillaba fino alla fine della riga e quindi del testo, bensì esso si ferma su un certo numero di spazi **(punti di fissità),** captando gruppi di segni grafici completi. Sarebbe infatti assurdo, nonché poco economico, dover scorrere ogni singola parola al fine di risalire al significato di ciascuna di essa. Detto questo, perveniamo alla conclusione che sarebbe estremamente utile per la lettura avere un metodo che ci consenta di ridurre il tempo necessario ai fini della percezione ottica, e contemporaneamente di ampliare il campo visivo stesso. La facoltà di utilizzare il proprio campo visivo è nota anche come estensione percettiva, che negli individui maggiormente dotati si traduce nella capacità di leggere fino a 45-50 caratteri per ogni punto di fissità.

Eccovi ora alcune osservazioni e consigli per evitare quelli che potrebbero rivelarsi elementi di disturbo ai fini di una lettura ottimale.

In primo luogo, per quanto possibile, evitate distrazioni o un'eccessiva mobilità dello sguardo: guardatevi dal trattenere troppo a lungo il respiro, e cercate di non irrigidire le palpebre per troppo tempo. Sarà utile anche effettuare frequenti battiti d'occhio respirando profondamente ed in maniera lenta e tranquilla. Spostate lo sguardo con rapidi movimenti dell'occhio, non aggrottate le sopracciglia durante la lettura (tensione neuro-muscolare), una valida contromisura è rappresentata dall'innalzamento delle palpebre, al fine di distendere i muscoli orbitali. Sedetevi, assicurandovi che il busto sia eretto e rilassato; fate in modo che la respirazione non risulti impedita, che la testa non sia inclinata e che lo stato di salute dei vostri occhi sia ottimale. La sorgente luminosa va preferibilmente disposta dietro al lettore, in alto a sinistra.

Per ottenere risultati soddisfacenti è preferibile concentrarsi più sul contenuto che sul simbolo grafico stampato; questo faciliterà l'assimilazione delle idee espresse dall'autore, indipendentemente dal suo linguaggio che, non dimentichiamolo, ha richiesto mesi di preparazione prima della stesura definitiva. Non potrete quindi pretendere di impossessarvene con disinvoltura nel giro di poche settimane o giorni! Imparate piuttosto ad affrontare il testo attivamente, commentandolo magari con parole vostre; questo vi aiuterà nel perseguire un duplice scopo: da un lato, (ed è la cosa più importante), vi renderete conto di aver capito, dall'altro scoprirete che non sarà affatto difficile ricordarlo.

AUMENTO DI VOCABOLARIO

Anche quest'aspetto riveste una notevole importanza, e sono veramente pochi gli individui che effettuano uno specifico addestramento. Quando ci troviamo davanti ad un nuovo vocabolo, possiamo reagire in svariati modi: uno fra i tanti, se il termine è del tutto sconosciuto, potrebbe essere quello di risalire al senso più probabile attraverso una deduzione contestuale; siamo, infatti, spesso così pigri da dimenticare la soluzione più pratica, cioè la consultazione di un buon dizionario, anche se molte volte il tempo impiegato nell'arduo lavoro deduttivo, supera di gran lunga quello impiegato agendo con più umiltà, cioè consultando il dizionario.

Perciò, se nel leggere incontrate qualche termine inconsueto ed a voi sconosciuto, fermatevi un attimo e andate a ricercare il suo significato esatto, consultando magari anche un dizionario etimologico. Fatto questo, impossessatevi del nuovo termine e utilizzatelo ogni qualvolta potete.

AUMENTO DEL CAMPO VISIVO

È un aspetto importantissimo sia per la lettura veloce che per la comprensione. L'individuo mediamente utilizza solo il 30% del proprio campo visivo, il cui valore si aggira sui 180°. Per abituare i nostri occhi ad ampliare il campo naturale di osservazione durante la lettura, basterà sottoporsi agli esercizi cosiddetti a "piramide", i quali sono studiati in modo da aumentare progressivamente la lunghezza delle righe stampate onde abituare l'occhio a percepirle nella loro totalità.

Possiamo adesso affrontare i primi esercizi di questo corso di lettura rapida.

------------------- Fine test -------------------

2.000 PAROLE

TEMPO IMPIEGATO ....

In sintesi possiamo valutare le velocità di lettura in questo modo:

- Da 0 a 200 la tua attuale velocità è molto bassa, ma forse è dovuto dal fatto che stai leggendo su di un monitor.
- Da 201 a 300 sei nella media
- Da 301 a 350 ottima velocità di partenza.
- Da 350 a 500 complimenti la tua è un'ottima velocità di partenza.
- Da 501 complimenti. Hai utilizzato delle tecniche di lettura veloce?in su hai sicuramente utilizzato delle tecniche di lettura veloce, in tal caso complimenti.

Oltre a quanto già descritto nel test, puoi esercitarti sfruttando la stanza in cui ti trovi.

Senza muovere la testa, scegli 2 o 3 punti particolari di fronte a te. Osservane uno alla volta per un'istante poi muovi gli occhi velocemente sul successivo punto, senza mai muovere la testa, solo gli occhi. Effettua questo esercizio per alcuni minuti ed imparerai a muovere gli occhi con movimenti più precisi e veloci. Per quanto riguarda i testi, devi imparare ad osservare le singole parole, osservandole partendo dal centro di ognuna e non da sinistra a destra come accade di solito.

Per imparare a leggere velocemente, ti consiglio comunque un corso dal vivo, un libro o il mio corso da scaricare sul mio sito: www. mnemonia.net

Esercizi di fonetica

Ora fai un po di pratica con la conversione dei numeri.

I numeri nella prossima tabella, possono essere convertiti foneticamente in una o più immagini, quindi... divertiti.

77145	949915	862
5714	785	401
94	74951	762
871	9314	852
9454	915	721
320757	185	8420
3024	81748	921
011	762	791
347	15804	3415
952	53914	8414
34	372	827
7412	314	905
872	702	3215
785	842	741
914	8415	7015

Altra serie di esercizi ma stavolta dovrai convertire i numeri in parole. Ogni blocco è una frase famosa il cui autore è indicato alla fine del blocco. Poiché questo esercizio è leggermente più difficile, ti fornirò delle indicazioni, come le singole vocali "in chiaro" e, come per i rebus, il numero di lettere di cui è composta ogni parola e frase. Alla fine del capitolo troverai le soluzioni per verificare il tuo lavoro.

Buon lavoro

Prima frase

A 851 5'3 2639 25 841, 3 25 364 941 1 70, 0 450 e 7212 94 5 0 0141.

(1-5-1-4- 8 -5-6 2-5-7-5-3-4-2-6-1-8-3-5-3-6) [Winston Churchill]

Seconda frase

9 92 74 5 70 1 14: 5 945 842

(4-3-6-5-4-2-4-5-6-8)[Catone il Censore]

Terza frase

84 902 1 04 9481 è 73 14: "85 9 5 1 7261 0 1 3 15'922 7 ho 1 3 01"

(4-7-2-6-9-1-4-4-4-3-2-3-8-2-2-2-4-8-3-2-2-2-6) [Wayne Dyer]

Quarta frase

927 5 81 32 22 9 940, 2 943 0394 73 0 7570 04900 2 854 5 81 32

(6-2-4-5-3-5-6-3-8-6-4-2-8-11-2-6-2-4-5)[Antoine de Saint Exupéry]

Quinta frase

6'è 2 05 19 1 060: 75 1 84 15 9494 81 6 7 0 1014

(1-1-2-4-4-2-8-6-2-4-5-7-4-3-3-2-8)[Henry David Thoreau]

Sesta frase

1 2 90 a 2 3 e 5 2144 94 2 642. 2025 a 9074 e 5 2144 94 11 5 81

(3-2-5-1-2-4-1-2-8-3-2-6-10-1-7-1-2-8-3-5-2-4)[Proverbio]

Settima frase

85 è 84 0394 5 010 70 e 0914 40511 1840

(5-1-4-6-2-6-4-1-9-9-7) [A. Einstein]

Ottava frase

I 94953 7 93 22 902 04 4051 5 010 585 1 9204 7 5 ha 741

(1- 8- 3- 7-3-8-6-7-4-6-7-2-8-3-2-2-6)[A. Einstein]

● ● ●

Nona frase

193 3944 92 5 475,2 31 1 2842645 25 31 601

(8-8-4-2-6-2-4-2-11-3-4-6) [Dalai Lama]

● ● ●

Decima frase

18 6'è 2 7421 8521 22 902 046 7421 18751

(4-1-1-3-6-7-3-7-7-6-10) [Niccolò Macchiavelli]

● ● ●

Hai svolto tutti gli esercizi? in questo caso dovresti già conoscere benissimo la conversione fonetica. Puoi essere impiegare più tempo degli esperti ma non essere "meno esperto" perché non c'è molto altro! E' una tecnica favolosamente perfetta (licenza poetica :-) con la quale puoi far pratica osservando le targhe delle auto che ti sorpassano e che sorpassi, oppure i numeri di telefono dei tuoi amici o per scommessa quelli dell'elenco telefonico della tua città!

Quanto avrai vinto qualche scommessa e la pratica ti avrà dato la possibilità di convertire velocemente ogni numero trovando diverse immagini associabili allora potrai iniziare a convertire codici e formule dei tuoi studi. Giocando si impara e sono sicuro che tu sia sufficientemente intelligente per capire la differenza tra una immagine creata per divertirti e memorizzare e quello che realmente devi dire al tuo professore!

Soluzioni

●●●

Prima frase

A volte l'uomo inciampa nella verità, ma nella maggior parte dei casi, si rialza e continua per la sua strada.

[Winston Churchill]

●●●

Seconda frase

Abbi ben chiara la cosa da dire: le parole verranno.

[Catone il Censore]

●●●

Terza frase

Aver bisogno di essere approvato è come dire: "vale più il tuo concetto su di me dell'opinione che ho di me stesso.

[Wayne Dyer]

●●●

Quarta frase

Benché la vita umana non abbia prezzo, noi operiamo sempre come se qualcosa sorpassasse in valore la vita umana.

[Antoine de Saint Exupéry]

• ● •

Quinta frase

C'è un solo tipo di successo: quello di fare della propria vita ciò che si desidera.

[Henry David Thoreau]

• ● •

Sesta frase

Dai un pesce a un uomo e lo nutrirai per un giorno. Insegnagli a pescare e lo nutrirai per tutta la vita.

[Proverbio]

• ● •

Settima frase

Follia è fare sempre la stessa cosa e aspettare risultati diversi

[A. Einstein]

• ● •

Ottava frase

I problemi che abbiamo non possono essere risolti allo stesso livello di pensiero che li ha creati.

A. Einstein]

B.

Nona frase

Dobbiamo imparare bene le regole, in modo da infrangerle nel modo giusto.

[DALAI LAMA]

Decima frase

Dove c'è una grande volontà non possono esserci grandi difficoltà.[NICCOLO' MACCHIAVELLI]

Tips & Trick

I trucchetti, o giochi mnemonici, esattamente come i giochi per bambini, sono indispensabili per esercitarsi, fare pratica ed elasticizzare la memoria con le tecniche, ed aumentare sicurezza e autostima ... essere consci di poter ricordare qualsiasi cosa se lo si desidera aiuta non poco il proprio ego!

CALENDARIO

- Oggi mamma clona carote gemmate -

Forse non è una scena che si vede tutti i giorni, ma con un po di fantasia puoi immaginare tua madre che prende delle carote tutte piene di gemme e le clona riproducendole all'infinito. Tutto questo mentre lo spieghi al tuo vicino, dicendogli appunto ... *"lascia stare*, oggi mamma clona carote gemmate!" ...ecco, hai appena memorizzato il calendario del 2013 o più precisamente tutte le prime domeniche del mese!

Convertendo foneticamente la frase, avrai:

633 - 752 - 741 - 631

Le ho divise in gruppi di tre gruppi per comodità, in questo modo posso individuare subito la parola e il numero in base al trimestre ma volendo puoi dividerlo anche in quadrimestri se trovi delle ottime conversioni.

Il procedimento è abbastanza semplice. Se voglio sapere che giorno sarà il 21 giugno, essendo l'ultimo mese del secondo trimestre, prenderò la seconda parola, quindi "clona" e il suo ultimo numero, cioè il 2. Poiché è una domenica, aggiungendo altri 7 numeri avrò la successiva domenica ma non mi avvicino al giorno richiesto quindi aggiungo altre 2 settimane, in tutto 3 e saremo arrivati al 23 di giugno, poiché ho bisogno di sapere che giorno sarà il 21, devo tornare indietro di 2 giorni, quindi ...venerdì! facile no?

2 + 21 = domenica 23 giugno -2 giorni = venerdì 21 giugno

Tutto ciò che devi fare è avvicinarti alla data richiesta tramite le domeniche e da quelle fare un conto veloce di 2 o 3 giorni in avanti o indietro.

Chiaramente puoi scegliere qualsiasi altro giorno della prima settimana del mese purché sia lo stesso per tutti i mesi e poi fare gli stessi conti che ti ho descritto prima, la differenza sarà il giorno che avrai scelto: sabato, lunedì o altri.

NOMI E VOLTI

Anche se tendiamo a non farlo notare, a tutti fa piacere che ricordino perfettamente il nostro nome e cognome e riesci a salutare una persona con il suo nome, anche se incontrata una sola volta e a distanza di molto tempo, ti posso garantire che rimarrà piacevolmente stupita. Il barista che saluta il cliente, con un: "Buongiorno signor Marco è un bel po di tempo che non la vedevo. Cose le posso dare oggi?". Lo farà sentire importante, come dovrebbe essere qualsiasi cliente!

La tecnica è molto semplice. La prima cosa da fare è ripetere! Anche più volte!

Piacere signor Nacinelli, Alessandro Nacinelli giusto?

Mentre ripeti il nome, pronuncialo facendo attenzione al suo suono e ricordando le altre persone che conosci con lo stesso nome, immaginali a braccetto, come fossero ad una riunione di persone chiamate tutte allo stesso modo. Vedili che si abbracciano e si salutano cordialmente.

Puoi anche sfruttare i personaggi famosi: per i "Roberto", usare il famoso Benigni, per i "Pietro" ...San Pietro, per i "Paolo", Bonolis! Per i "Francesco", Totti o Guccini. Chiunque può aiutarti a ricordare un nome.

Per il cognome ti do ampia scelta di cattiverie! Con il mio cognome, puoi spaziare dal macinino al mancino, all'acino. Non importa se lo storpierai, la mente è perfetta e avrai molte più possibilità di ricordarlo anche storpiandolo piuttosto che non pensando a nulla.

A questo punto non devi far altro che associare il tutto alla persona, cercando dei particolari che lo rappresentino. Continuando con me, non utilizzate cose che sto indossando, come occhiali o vestiti ma la figura nell'insieme, ad esempio puoi immaginarmi mentre uso un macinino e di fianco a me c'è il tuo amico Alessandro, i miei occhi verdi risplendono, il fisico asciutto le spalle larghe e la voce profonda che canta mentre uso il macinino .... per fortuna stai leggendo e non mi vedi! :-D

Come per tutte le tecniche, più la utilizzi e più sarà facile da utilizzare ... e poi, se anche mi chiamassi Alessandro mancinelli, sarei comunque felice dell'impegno (nota che l'ho scritto in minuscolo ☺)

I cognomi più semplici ed associabili, tipo Ferrari, Giardini, Lenti, Rossi ecc., dovrai semplicemente vederli mentre fanno ciò che il loro cognome indica ed in generale per ricordare cognomi e volti è utile seguire questa procedura:

1. ripeterli a voce alta appena vengono detti

2. cercare una parola sostitutiva (ben visualizzabile) per il cognome

3. scegliere una caratteristica principale del volto

4. associare in modo fantasioso e buffo la caratteristica del volto e la parola sostitutiva

Mentre fai tutto questo, cerca di non urtare la sensibilità della persona, non sarebbe carino ridergli in faccia dopo che ci ha detto il suo nome!

LE CARTE DA GIOCO

Tempo fa in televisione, fece scalpore un mnemonista che dimostrava le sue capacità ricordando a memoria l'ordine di apparizione di un mazzo di carte francesi, dopo averle viste per pochi secondi. Purtroppo il mnemonista usò un trucco per essere sicuro di non fare figuracce, ma la memorizzazione delle carte non è particolarmente difficile, serve solo un po di pratica ed un metodo: La prima lettera indicherà uno dei quattro semi:

- Cuori o Coppe = **C**
- Quadri o Denari = **D**
- Fiori o Spade = **F**
- Picche o Bastoni = **P**

Poi, con il numero della carta, convertito foneticamente, si formerà un'immagine. Per le figure: J, Q e K, è possibile scegliere se utilizzare il loro valore numerico (J=11; Q=12; K=13) o inventare qualcosa, sia con la prima lettera che a caso ma sempre indicando il seme per evitare di confondersi.

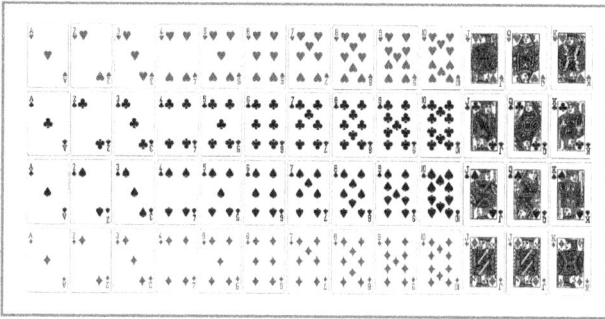

Per esempio il J di picche sarebbe P 11 e potrebbe essere visualizzata una PaTaTa. Il K di quadri, essendo K 14 diventerebbe DoTToRe.

Nel caso delle carte italiane, il fante il cavallo ed il re valgono, rispettivamente 8, 9 e 10, quindi anche per loro si utilizzerà la conversione dei numeri, ma nel caso delle carte francesi, le figure J, Q e K pur valendo 11, 12 e 13, Oppure inventando, pur lasciando alcuni richiami: il K di fiori K13 potrebbe essere una Fiamma. L'importante è che il 3 di fiori utilizzi un'immagine diversa e nel mio caso sarà "Fumo".

Il mio elenco è:

	Cuori Coppe	Quadri Denari	Fiori Spade	Picche Bastoni
A(1)	Chiodo	Dito	Foto	Piede
2	Cane	Daino	Fune	Penna
3	Chioma	Duomo	Fumo	Piuma
4	Carro	Diario	Faro	Pera
5	Colla	Duello	Folla	Palla
6	Ceci	Doge	Foce	Pece
7	Cocco	Daga	Fiocco	Pacco
8	Caffè	Diva	Favo	Puffi
9	Cappio	Dubbio	Fibbia	Pippo
10	Casa	Dosso	Fosso	Pozzo
J(11)	Cantante	Dente	Fonte	Patata
Q(12)	Catena	Dottrina	Farina	Piscina
K(13)	Cuore	Dottore	Fiamma	Portiere

Alcune immagini non utilizzano l'esatta conversione,

Se preferisci, puoi cambiare le immagini, queste sono quelle che utilizzo io se dovesse venire a trovarmi *striscia la notizia*!

Dopo aver appreso l'elenco delle carte, sarà possibile associarle tra loro, gerarchicamente, in base all'uscita dal mazzo.

Per esempio:

Apro il DIARIO e mentre lo sfoglio da una pagina esce fuori del CAFFÈ, che cadendo a terra si raggruma diventando una PATATA, che inizia ad abbaiare come un CANE, con il quale instauro un DUELLO ma lui spara per primo ed io finisco in un FOSSO. Dentro al fosso trovo una PALLA, che si apre e dentro c'è un DENTE enorme, Lo chiudo in un PACCO e lo spedisco al DOGE, che lo riceve e lo mette a cuocere con i CECI …

La sequenza in questo caso sarebbe: D4-C8-PJ-C2-D5-F10-P5-DJ-P7-D6-C6 …

Le figure sono sempre le stesse, sono le scene che cambiano, quindi serve solo un po di pratica ed in pochi minuti potrai ricordare un mazzo completo di 52 carte mischiate, senza dover ricorrere a trucchi.

GUIDA ALLE RISORSE

Libri

Se vuoi approfondire gli argomenti trattati, ti consiglio alcuni libri interessanti ed utili:

• *Usiamo la testa* di Tony Buzan - Saggi Frassinelli -

• *Il fattore Eistein* di Win Wenger e Richard Poe - NLP Italy -

• *Mappe mentali* di Tony & Barry Buzan - NLP Italy -

• *Intelligenza Emotiva* di Daniel Goleman - BUR Saggi -

• *Sei cappelli per pensare* di Edward De Bono - SuperBur -

• *Leader di te stesso* di Roberto Re - Oscar Mondadori -

• *Smettila di incasinarti* Roberto Re - Oscar Mondadori -

• *How to Study in College* di Walter Pawk (ing.)

Corsi dal vivo

Per le date ed i luoghi dei miei corsi dal vivo, visita il mio sito o cerca Mnemonia su Facebook. Se vuoi solo frequentare un corso di tecniche di memoria o lettura veloce, ti consiglio i miei corsi on-line ma se preferisci, in Italia è pieno di aziende che promuovono gli stessi corsi, ma tieni presente che il 90% di loro, segue la falsa riga di quelli creati dalla Memotec, la prima società che in Italia si occupò di questo settore, quindi scegli in base alla fiducia che sentirai verso gli istruttori.

Audio e Videocorsi

Come ti ho già detto, sul sito www.mnemonia.net puoi trovare due miei corsi, uno di *tecniche di memoria* ed uno di *lettura veloce*, sviluppati in modo che tu possa seguire le varie lezioni come se stessi frequentando un corso, compresi dei piccoli test di verifica. Poiché sviluppati seguendo la struttura dei corsi dal vivo, possono essere un'ottima alternativa per coloro che non possono frequentarne uno per problemi di tempo o distanza ... o per usarli come manuali interattivi.

Ringraziamenti

Sono passati moltissimi anni da quando iniziai ad occuparmi di questo settore, nello specifico iniziai con le tecniche di memoria e lettura veloce intorno al 1985 con la Memotec. Continuo a ritenere indispensabili le tecniche ma è grazie alle continue richieste degli allievi, sia nei corsi dal vivo che in quelli on-line che non ho mai smesso di tenermi aggiornato, continuando a cercare nuovi, interessanti ed utili metodi per applicarle fino a creare una branca a se di metodologie di studio, quindi grazie a tutti voi e continuate con le richieste ma un grazie particolare va a mio figlio che un po per gioco, un po per convenienza, preferisce studiare con me ed è grazie a lui che vengo messo alla prova per ciò che insegno anche a tutti voi e, molto spesso, mi promuove con un primo sorriso al termine dei compiti ed un altro, enorme, quando torna a casa raggiante per aver superato brillantemente la lezione. Grazie amore mio!

Alessandro Nacinelli